50 EXERCICES pour GÉRER SON STRESS

Groupe Eyrolles
61, Bd Saint-Germain
75240 Paris Cedex 05

www.editions-eyrolles.com

Ancienne élève de l'École normale supérieure (1966 Lettres), après un parcours professionnel varié ponctué de nombreuses formations aux différentes techniques comportementales et cognitives, Laurence Levasseur est actuellement « jardinière de projets » individuels ou collectifs au sein du cabinet LL qu'elle a créé en 1994. Depuis 1972, elle est également comédienne et metteur en scène de théâtre.

ISBN : 978-2-212-54430-5

Laurence Levasseur

50 EXERCICES pour GÉRER SON STRESS

Troisième tirage 2013

EYROLLES

Dans la même collection :

Philippe Auriol, Marie-Odile Vervisch, 50 *exercices pour s'affirmer*

Laurence Benatar, Sophie Benatar, 50 *exercices de relooking*

France Brécard, 50 *exercices pour savoir dire non*

Christophe Carré, 50 *exercices pour maîtriser l'art de la manipulation*

Christophe Carré, 50 *exercices pour résoudre les conflits sans violence*

Laurie Hawkes, 50 *exercices d'estime de soi*

Laurence Levasseur, 50 *exercices pour prendre la parole en public*

Jacques Regard, 50 *exercices pour ne plus tout remettre au lendemain*

Jacques Regard, 50 *exercices pour retrouver le bonheur*

Jean-Philippe Vidal, 50 *exercices pour mieux communiquer avec les autres*

Sommaire

Introduction

Il y a quarante ans, le mot « stress » commençait à peine à être connu. Maintenant, c'est une réalité que plusieurs considèrent comme un problème normal de la vie moderne. Le stress est le lot quotidien d'une majorité de personnes dans leur travail, mais il atteint également les enfants, les adolescents et les personnes âgées. Cette situation s'aggrave d'année en année.

On ne peut plus ignorer le stress ou simplement le tolérer en attendant que la situation devienne moins exigeante. Les pressions ne disparaîtront pas : elles font partie de notre vie quotidienne « normale ». Il faut maintenant apprendre à « gérer notre stress ».

D'après l'Agence européenne pour la sécurité et la santé au travail, le stress « survient lorsqu'il y a déséquilibre entre la perception qu'une personne a des contraintes que lui impose son environnement et la perception qu'elle a de ses propres ressources pour y faire face. Bien que le processus d'évaluation des contraintes et des ressources soit d'ordre psychologique, les effets du stress ne sont pas uniquement de nature psychologique. Il affecte également la santé physique, le bien-être et la productivité ».

Ce livre va vous permettre d'apprendre à connaître et à maîtriser votre stress. Après une série d'exercices d'autodiagnostic pour mieux le cerner, vous serez amené à développer votre confiance, votre détermination et votre assertivité. Les séquences suivantes vous proposeront différents exercices de relaxation et des techniques mentales de visualisation, le tout pour vous guider vers la conception d'un plan d'action.

1

Prendre en compte ses problèmes

Pour parvenir à gérer son stress, il faut en comprendre les origines : quels facteurs le provoquent et quels mécanismes l'engendrent. En vous appuyant sur cette compréhension, il devient possible de savoir ce que vous pouvez faire pour empêcher les pressions de provoquer chez vous un stress chronique et le cortège des maux physiques et psychiques qui viennent à sa suite.

La **première clé** va vous mettre sur la voie du changement.

Comme dans la conduite de tout projet de changement, la première chose à faire est de réaliser un **état des lieux**.

Exercice n° 1 • Évaluez votre niveau de stress

Avant de commencer, faisons le point ! Trop de stress nuit à la santé, mais trop peu n'est pas non plus souhaitable. Où vous situez-vous ?

Pour chacune des propositions ci-dessous, entourez le chiffre vous correspondant. Faites ensuite les totaux par colonne.

Mode de vie	Jamais	Presque jamais	Souvent	Presque toujours
Je dors le nombre d'heures adapté à mes besoins.	3	2	1	0
Je mange à heures fixes.	3	2	1	0
Quand je suis nerveux, je prends des tranquillisants.	0	1	2	3
Pour occuper mon temps libre, je regarde la télévision.	0	1	2	3
Je fais de l'exercice physique régulièrement.	3	2	1	0
Je mange vite.	0	1	2	3
Je mange autant que je veux des aliments gras et sucrés (œufs, charcuterie, fromage, glaces, gâteaux...).	0	1	2	3
Je mange beaucoup de fruits et de légumes.	3	2	1	0
Je bois de l'eau entre les repas.	3	2	1	0

Mode de vie	Jamais	Presque jamais	Souvent	Presque toujours
Je mange entre les repas.	0	1	2	3
Je prends un petit déjeuner copieux.	3	2	1	0
Je dîne peu.	3	2	1	0
Je fume.	0	1	2	3
Je prends des boissons alcoolisées.	0	1	2	3
Dans mon temps libre, je recherche la nature et l'air pur.	3	2	1	0
J'ai un passe-temps qui me détend.	3	2	1	0
Total par colonne	**A =** 15	**B =** 7	**C =** 2	**D =** 15
TOTAL MODE DE VIE (A + B + C + D)	39			

Environnement	Jamais	Presque jamais	Souvent	Presque toujours
Ma famille est assez bruyante.	0	1	2	3
J'ai besoin de plus d'espace dans ma maison.	0	1	2	3
Toutes mes affaires sont bien rangées.	3	2	1	0
Je profite d'une ambiance familiale agréable.	3	2	1	0
Mes voisins sont tapageurs.	0	1	2	3
Il y a une forte démographie là où j'habite.	0	1	2	3

Environnement	Jamais	Presque jamais	Souvent	Presque toujours
Ma maison est propre et rangée.	3	2	1	0
Chez moi, je me détends dans la tranquillité.	3	2	1	0
Ma chambre est trop petite.	0	1	2	3
Nous sommes beaucoup trop sous un même toit.	0	1	2	3
La décoration de ma maison me plaît.	3	2	1	0
Ma maison est assez grande pour mes besoins.	3	2	1	0
Dans mon quartier, il y a des odeurs désagréables.	0	1	2	3
L'endroit où j'habite est plutôt bruyant.	0	1	2	3
L'air de ma localité est pur.	3	2	1	0
Les rues de mon quartier sont propres et soignées.	3	2	1	0
Total par colonne	**A =** 3	**B =** 6	**C =** 7	**D =**
TOTAL ENVIRONNEMENT (A + B + C + D)	16			

Symptômes	Jamais	Presque jamais	Souvent	Presque toujours
J'ai des maux de tête.	0	1	2	3
J'ai des douleurs abdominales.	0	1	2	3
Je digère bien.	3	2	1	0

Symptômes	Jamais	Presque jamais	Souvent	Presque toujours
Je vais régulièrement à la selle.	3	2	1	0
J'ai une gêne dans la zone lombaire.	0	1	2	3
Je fais de la tachycardie.	0	1	2	3
Je n'ai pas d'allergies.	3	2	1	0
J'ai des étouffements.	0	1	2	3
J'ai un nœud dans les muscles du dos et du cou.	0	1	2	3
J'ai une tension artérielle modérée et constante.	3	2	1	0
J'ai une mémoire normale qui ne faiblit pas.	3	2	1	0
J'ai peu d'appétit.	0	1	2	3
Je me sens fatigué et sans énergie.	0	1	2	3
J'ai des insomnies.	0	1	2	3
Je transpire beaucoup (même en dehors de tout exercice).	0	1	2	3
Je pleure et je me sens désespéré facilement.	0	1	2	3
Total par colonne	**A =** 0	**B =** 4	**C =** 4	**D =** 6
TOTAL SYMPTÔMES (A + B + C + D)	14			

Emploi	Jamais	Presque jamais	Souvent	Presque toujours
Mon travail quotidien me cause de la tension.	0	1	2	3
Dans mes moments libres, je pense aux problèmes de travail.	0	1	2	3
Mon horaire de travail est régulier.	3	2	1	0
Mes occupations me permettent de manger chez moi.	3	2	1	0
J'emporte du travail à la maison pour le week-end ou le soir.	0	1	2	3
J'ai plusieurs emplois.	0	1	2	3
Quand je travaille, je ne vois pas le temps passer.	3	2	1	0
Je me sens utile et satisfait dans mes occupations.	3	2	1	0
J'ai peur de perdre mon emploi.	0	1	2	3
Je m'entends mal avec mes collègues de travail.	0	1	2	3
J'ai de bonnes relations avec mon chef.	3	2	1	0
J'ai un poste stable.	3	2	1	0
Mon automobile est un outil de travail.	0	1	2	3
J'oublie de manger quand je veux terminer une tâche.	0	1	2	3
Je suis compétent dans mes fonctions.	3	2	1	0

Emploi	Jamais	Presque jamais	Souvent	Presque toujours
Je pense que mon chef apprécie mon travail.	3	2	1	0
Total par colonne	**A =** 6	**B =** 0	**C =** 3	**D =** 15
TOTAL EMPLOI (A + B + C + D)	24			

Relations	Jamais	Presque jamais	Souvent	Presque toujours
Je suis content quand je suis aimable et courtois avec les gens.	3	2	1	0
J'ai confiance dans les autres.	3	2	1	0
Que mes projets dépendent des autres me dérange.	0	1	2	3
Les disputes m'affectent beaucoup.	0	1	2	3
J'ai des amis prêts à m'écouter.	3	2	1	0
Je suis satisfait de mes relations sexuelles.	3	2	1	0
J'attache de l'importance à l'opinion des autres sur moi.	0	1	2	3
J'aime que mes réalisations soient meilleures que celles des autres.	0	1	2	3
Mes collègues de travail sont mes amis.	3	2	1	0
J'ai la patience d'écouter les problèmes des autres.	3	2	1	0

Relations	Jamais	Presque jamais	Souvent	Presque toujours
Je pense que mon conjoint (ou ami) doit beaucoup changer pour que notre relation soit bonne.	0	1	2	3
Je parle trop.	0	1	2	3
Quand je ne suis pas d'accord avec quelqu'un, j'élève la voix.	0	1	2	3
J'envie ce que les autres ont si je ne l'ai pas.	0	1	2	3
Quand je discute avec quelqu'un je pense à ce que je vais dire pendant qu'il parle.	0	1	2	3
Je suis nerveux quand je reçois des ordres.	0	1	2	3
Total par colonne	**A =** 0	**B =** 7	**C =** 5	**D =** 18
TOTAL RELATIONS (A + B + C + D)	30			

Personnalité	Jamais	Presque jamais	Souvent	Presque toujours
Je suis généralement satisfait de ma vie.	3	2	1	0
J'aime dire du bien des gens.	3	2	1	0
Je m'énerve quand quelqu'un conduit lentement devant moi.	0	1	2	3
S'il y a foule à un guichet, dans un magasin, je m'en vais.	0	1	2	3

Personnalité	Jamais	Presque jamais	Souvent	Presque toujours
Je suis généreux avec moi-même en m'imposant des dates butoirs.	3	2	1	0
J'ai confiance dans le futur.	3	2	1	0
J'ai tendance à penser au pire.	0	1	2	3
J'aime faire les choses à ma façon et je m'irrite quand ce n'est pas possible.	0	1	2	3
J'ai le sens de l'humour.	3	2	1	0
J'aime ma façon d'être.	3	2	1	0
Je m'énerve si je suis dérangé au milieu d'une activité.	0	1	2	3
Je suis perfectionniste.	0	1	2	3
Je pense à ceux qui me doivent de l'argent.	0	1	2	3
Je m'énerve dans les embouteillages.	0	1	2	3
Je m'ennuie vite en vacances.	0	1	2	3
J'ai peur de développer un jour une maladie grave.	0	1	2	3
Total par colonne	**A =** 0	**B =** 5	**C =** 1	**D =** 21
TOTAL PERSONNALITÉ (A + B + C + D)	27			

Analyse des résultats

Calculez vos points.

Pour chaque catégorie, reportez vos résultats dans le tableau suivant.

Mode de vie	39
Environnement	16
Symptômes	14
Emploi	24
Relations	30
Personnalité	27
TOTAL DES POINTS	**E =** 150

Ajoutez 3 points si :

Vous avez entre 35 et 60 ans.	
Vous êtes séparé ou divorcé.	
Vous habitez une grande ville.	3
Vous avez au moins 3 enfants à charge.	
Vous êtes au chômage.	
TOTAL DES POINTS	**F =** 153

Ajoutez 2 points si :

Vous avez entre 25 et 34 ans.	2
Vous êtes célibataire ou veuf.	
Vous habitez une petite ville.	

Vous avez 1 ou 2 enfants à charge.	
Vous avez un emploi temporaire.	
TOTAL DES POINTS	**G =** 155

TOTAL GÉNÉRAL DES POINTS	**E + F + G =**

Si vous avez entre 0 et 48 points : *votre niveau de stress est dangereusement pauvre. Vous avez besoin d'une étincelle pour atteindre le succès qu'on est en droit d'attendre de vos capacités.*

Si vous avez entre 48 et 72 points : *vous jouissez d'un niveau bas de stress. Cela est peut-être dû à une nature tranquille et paisible dans un cadre favorable. Votre situation est salutaire et éloignée des risques d'infarctus, d'ulcères et des autres maladies associées au stress. Malgré tout, il se peut aussi que vous fournissiez un effort au-dessous de vos capacités et que vous ayez de temps en temps besoin d'un défi qui vous poussera à plus d'efforts.*

Si vous avez entre 72 et 120 points : *c'est la zone normale du stress. La plupart des personnes se trouvent, comme vous, à ce niveau. Dans votre vie se suivent tensions et moments de détente. Le stress que vous éprouvez vous permet essentiellement d'atteindre vos buts, il n'est pas permanent et se trouve compensé par des périodes de tranquillité. Ces alternances font partie intégrante de l'équilibre humain.*

Si vous avez entre 120 et 144 points : *votre niveau de stress est considéré comme élevé. Examinez soigneusement chaque domaine de votre vie afin d'y déceler les problèmes qui doivent d'urgence trouver une solution. Essayez d'envisager le problème dans des perspectives différentes : l'alimentation, l'exercice physique, la relaxation, l'appui de quelqu'un de confiance. Adoptez une attitude positive et essayez d'être aimable avec tous. Appliquez les techniques de gestion du stress présentées dans les exercices suivants.*

Si vous avez au-delà de 144 points : *votre niveau de stress est considéré comme dangereux. Vous appartenez à un groupe restreint de personnes très stressées dont les problèmes requièrent une attention immédiate. Essayez de sortir de cette situation, cherchez de l'aide, il existe des problèmes qu'une personne ne peut affronter seule.*

Exercice n° 2 • Découvrez votre type de stress

L'exercice suivant est inspiré des recherches de Friedman, Rosenman, Bandura et Kobasa sur les liens entre stress et structure de personnalité.

Pour chacune des propositions ci-dessous, entourez le chiffre vous correspondant. Faites ensuite les totaux par colonne et additionnez-les pour obtenir un chiffre global.

	Jamais	**Rarement**	**Parfois**	**Fréquemment**	**Toujours**
1. Je travaille beaucoup.	1	2	3	4	5
2. Je déteste prendre des risques.	1	2	3	4	5
3. Comme j'ai peur d'oublier quelque chose, je fais des listes.	1	2	3	4	5
4. Quand je dois prendre une décision, je suis très tendu.	1	2	3	4	5
5. Quand je ne réussis pas à faire ce que j'avais prévu, je déprime en silence.	1	2	3	4	5
6. J'ai tendance à faire quelque chose d'autre quand j'écoute quelqu'un.	1	2	3	4	5
7. Ma vie n'est faite que de hasards.	1	2	3	4	5
8. J'ai besoin de règles, de structuration et d'organisation pour travailler.	1	2	3	4	5
9. J'ai tendance à faire des allergies.	1	2	3	4	5

10. Quand j'explique quelque chose, je l'explique abondamment.	1	2	3	4	5
11. Je ne sais pas me reposer.	1	2	3	4	5
12. Je dois planifier mon temps, l'imprévu me stresse.	1	2	3	4	5
13. Je déteste perdre.	1	2	3	4	5
14. J'ai besoin d'être le meilleur dans tout ce que j'entreprends.	1	2	3	4	5
15. Je suis un fonceur.	1	2	3	4	5
16. Je surcharge mon agenda, mon temps est serré.	1	2	3	4	5
17. Je déteste faire la queue mais je ne « resquille » pas.	1	2	3	4	5
18. Quand je dois faire de nouvelles rencontres, j'ai de l'appréhension.	1	2	3	4	5
19. Je ne sais pas m'amuser.	1	2	3	4	5
20. J'entreprends plusieurs choses à la fois.	1	2	3	4	5
21. On dit que je suis calme et pourtant, intérieurement, je bous.	1	2	3	4	5
22. Je suis pressé.	1	2	3	4	5
23. Je suis en retard.	1	2	3	4	5
24. Je suis irritable.	1	2	3	4	5
25. Je déteste donner un avis le premier.	1	2	3	4	5
Total par colonne					
TOTAL GÉNÉRAL					

Analyse des résultats

***Si vous avez entre 96 et 125 points**, vous avez beaucoup de mal à résister aux tensions, il vaut mieux éviter les situations trop stressantes.*

***Si vous avez entre 36 et 95 points**, vous êtes capable de gérer votre stress sans trop d'efforts.*

***Si vous avez entre 25 et 35 points**, vous êtes tout à fait capable de bien fonctionner sous pression.*

Reprenez vos réponses et entourez dans le tableau suivant les numéros des énoncés auxquels vous avez accordé 4 ou 5 points.

Type A					Type B					
5	6	7	11	13	1	2	3	4	8	9
14	15	16	17	20	10	12	18	19	21	25
22	23	24								

*Si vous avez au moins cinq numéros entourés du côté A, vous appartenez plutôt au **type de personnalité A.** Ces personnes (environ 50 % de la population) sont toujours pressées, impatientes, irritables ; elles refusent toute forme de faiblesse, en font trop, ont besoin d'un haut niveau de stimulation. Elles sont combatives, parfois agressives, prêtes à tout pour réussir. Elles s'investissent énormément dans leur travail, sont parfois trop perfectionnistes et ont un sens des responsabilités très développé. Elles sont sujettes à des accidents coronariens, car elles se placent trop souvent en état d'urgence, elles sécrètent de l'adrénaline en abondance, elles sollicitent fortement le rythme cardiaque et la tension.*

*Si vous avez au moins cinq numéros entourés du côté B, vous appartenez plutôt au **type de personnalité B.** Ces personnes se maîtrisent socialement, ce sont plutôt de « faux calmes ». Elles n'extériorisent pas leurs réactions. Elles ne semblent pas aimer la compétition, encore moins les conflits. Pour elles, rien ne semble urgent, elles font preuve de beaucoup de patience et se montrent soumises et conciliantes. Elles sécrètent du cortisol en grande quantité. Elles sont plutôt sujettes aux dépressions nerveuses, aux maladies auto-immunes, aux cancers, aux addictions.*

Si vous avez moins de cinq numéros entourés d'un côté ou de l'autre, vous appartenez plutôt au **type de personnalité C.** *Ces personnes sont plus calmes, moins stressées, moins facilement contrariées, plus intéressées par la qualité de leur travail que par la quantité. Elles font preuve de solidité émotionnelle et éprouvent un sentiment d'efficacité personnelle. Les changements ne sont pas ressentis comme des menaces, et elles savent s'adapter en souplesse.*

Selon que l'on appartient à un type ou à un autre, on apprend à gérer le stress différemment, sans pour autant changer de type.

Exercice n°3 • Créez votre carnet de stress

Peut-être teniez-vous, adolescent, un journal intime, un carnet de rêves, un carnet d'idées ou de citations ? Peut-être votre médecin vous a-t-il demandé de mettre à jour un carnet de suivi nutritionnel, de suivi de votre tension, de votre diabète ? Tout cela pour vous aider à mieux vous connaître, à faire le point sur vos habitudes ou vos centres d'intérêt.

Je vous propose de tenir pendant quelque temps (une à deux semaines, le temps de rassembler suffisamment de matériau d'analyse) un « **carnet de stress** ».

Achetez un petit carnet sur lequel vous recopierez le tableau ci-dessous. Vous y noterez tout ce qui est associé aux événements stressants que vous vivez, en suivant les explications ci-après.

1. Vous venez de vivre une situation stressante : notez la date et l'heure, et résumez en quelques mots l'événement marquant en question.

2. Notez ensuite les symptômes que vous avez ressentis. Vous prêterez notamment attention à la façon dont votre corps répond au stress : êtes-vous tendu, agité ou épuisé...

Voici, pour vous aider, une liste non exhaustive de symptômes :

- **symptômes physiques :** douleurs (coliques, maux de tête, douleurs musculaires, articulaires, etc.), troubles du sommeil, de l'appétit et de la digestion, sensations d'essoufflement ou d'oppression, sueurs inhabituelles, etc. ;
- **symptômes émotionnels :** sensibilité et nervosité accrues, crises de larmes ou de nerfs, fou rire... ;
- **symptômes intellectuels :** trou de mémoire, impossibilité de se concentrer... ;
- **symptômes comportementaux :** modification des conduites alimentaires, comportements violents et agressifs, repli sur soi, etc.

3. Notez ensuite ce que vous avez ressenti : peur, colère, tristesse, honte...

4. Enfin, essayez d'identifier les idées qui vous ont traversé l'esprit (ex. : « j'ai envie de l'étrangler », « j'aimerais être à 1 000 km d'ici »...).

Date Heure	Situations	Symptômes	Sentiments	Pensées

Commentaire

Si c'est possible, renseignez votre carnet « à chaud » juste après l'événement stressant, sinon, faites le point chaque soir, ou chaque matin, suivant vos préférences.

Exercice n° 4 • Analysez votre dernier stress

Pour ce faire, nous nous appuierons sur l'échelle d'évaluation des événements de vie (*appraisal life events scale*) définie par Ferguson, Matthews et Cox (1999).

Identifiez un événement de votre vie que vous avez vécu comme particulièrement stressant. Son analyse, suivant les étapes ci-dessous, vous permettra de mieux comprendre la nature de votre stress.

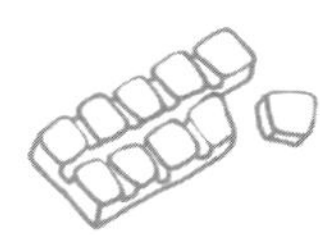

1. Décrivez ci-dessous l'événement le plus stressant auquel vous ayez été confronté au cours des trois derniers mois :

_ _

_ _

_ _

2. Indiquez dans quelle mesure chacun des adjectifs de la liste suivante décrit le mieux votre perception de l'événement au moment où il s'est produit, en entourant un des chiffres de cette échelle en 6 points, de 0 (pas du tout) à 5 (extrêmement).

Au moment où cet événement s'est produit, c'était...						
menaçant	0	1	2	3	4	5
provoquant (comme un défi)	0	1	2	3	4	5
intolérable	0	1	2	3	4	5
épouvantable	0	1	2	3	4	5

Au moment où cet événement s'est produit, c'était...						
agréable	0	1	2	3	4	5
douloureux	0	1	2	3	4	5
inquiétant	0	1	2	3	4	5
stimulant	0	1	2	3	4	5
déprimant	0	1	2	3	4	5
hostile	0	1	2	3	4	5
grisant	0	1	2	3	4	5
pitoyable	0	1	2	3	4	5
effrayant	0	1	2	3	4	5
instructif	0	1	2	3	4	5
terrifiant	0	1	2	3	4	5
excitant	0	1	2	3	4	5

Commentaire

Suivant les adjectifs que vous aurez attribués à cette situation stressante, vous pourrez prendre conscience de l'aspect positif ou négatif que revêt le stress pour vous. Le stress est-il vécu par vous comme un moteur, une stimulation pour avancer, ou plutôt comme un facteur d'épuisement, un frein démotivant ?

Exercice n° 5 • Repérez vos principaux stressors

Pour ce faire, nous allons utiliser le questionnaire d'événements de vie stressants (*stressful life events questionnaire*) de K. Nott et K. Vedhara (1995) (d'après C. Bidan-Fortier, 2001).

Dans un premier temps, vous évaluerez votre niveau de stress global ***au cours des six derniers mois****. Puis, vous repérerez dans la liste d'expériences que je vous propose celles que vous avez réellement vécues ces six derniers mois.*

1. Sur une échelle de 1 à 10 (1 = pas du tout stressant, 10 = extrêmement stressant ; les notes intermédiaires servent à nuancer votre jugement), entourez le nombre qui décrit le mieux votre niveau de stress au cours des six derniers mois.

1 2 3 4 5 6 7 8 9 10

2. Dans le tableau suivant, cochez la première colonne pour les événements que vous avez vécus.

3. Veuillez indiquer dans la seconde colonne (« Score de stress ») la quantité de stress correspondant au niveau de stress que vous avez ressenti, en utilisant l'échelle de 1 à 10.

Au cours des six derniers mois...	Oui/non (mettre une croix)	Score de stress
Vous avez connu des disputes familiales.		
Vous avez connu des disputes avec votre partenaire.		
Vous avez souffert d'une maladie bénigne/subi une opération.		
Un ami proche/parent a eu une maladie grave.		
Votre partenaire est décédé.		
Un ami proche/parent est décédé.		

Au cours des six derniers mois...	Oui/non (mettre une croix)	Score de stress
La relation avec votre partenaire a pris fin.		
Vous vous êtes séparé de votre partenaire en raison de difficultés relationnelles.		
Vous vous êtes séparé de votre conjoint pour des difficultés autres que relationnelles.		
Vous avez eu des problèmes/difficultés avec un ami proche.		
Vous avez échoué à un examen/test.		
Vous avez abandonné un projet que vous meniez avec plaisir.		
Un objet auquel vous attachiez une grande valeur a été perdu/volé.		
Vous avez eu des difficultés avec des personnes sur le lieu de votre travail.		
Vous avez eu des difficultés avec votre employeur.		
Vous avez été rétrogradé.		
Vous avez été licencié.		
Vous avez été au chômage, cherchant du travail sans en trouver.		
Il y a eu des changements au sein de votre travail qui ont été difficiles à assumer.		
Vous avez été obligé de déménager.		
Vous avez eu des problèmes financiers.		
Vous avez eu des problèmes avec la police.		

Au cours des six derniers mois...	Oui/non (mettre une croix)	Score de stress
Vous avez été impliqué dans un grave accident.		
Vous avez eu des problèmes avec vos voisins.		
Vous avez eu des problèmes liés à votre sexualité.		
On vous a cherché des histoires ou vous avez été verbalement menacé.		
Vous avez été battu ou physiquement menacé.		
La santé d'une personne qui vous est proche se détériore.		
Vous avez senti que votre santé se détériorait.		
Votre médecin vous a dit que votre santé se détériorait.		
Total		

Analyse des résultats

Si vous n'avez rien coché, *vous n'avez aucun stressor extérieur, aucune raison objective d'être stressé.*

Si vous avez moins de 60 points, *vous avez des raisons objectives d'être légèrement stressé.*

Si vous avez entre 60 et 120 points, *vous avez des raisons objectives d'être modérément stressé.*

Si vous avez entre 120 et 200 points, *vous avez des raisons objectives d'être très stressé.*

Si vous avez plus de 200 points, *vous avez des raisons objectives d'être extrêmement stressé et une aide psychologique vous serait sûrement utile.*

Comparez à présent ces résultats au chiffre de stress global perçu que vous avez entouré en début d'exercice. À votre avis, vos raisons d'être stressé sont-elles objectives ou subjectives ?

Exercice n° 6 • Analysez votre façon d'être stressé

Diverses questions vont vous être posées ci-après d'après l'échelle de stress perçu (*perceived stress scale*) de Cohen, Kamarck et Mermelstein (1983) (d'après B. Quintard, 1994). Elles concernent vos sensations et pensées pendant le mois qui vient de s'écouler. Chaque fois, nous vous demandons d'indiquer comment vous vous êtes senti le mois dernier.

Bien que certaines questions soient proches, il y a des différences entre elles, et chacune doit être considérée comme indépendante des autres. La meilleure façon de procéder est de répondre assez rapidement.

N'essayez pas de compter combien de fois vous vous êtes senti de telle ou telle façon, mais **indiquez plutôt la réponse, parmi les cinq proposées, qui vous paraît la plus proche de la réalité.**

Mettez une croix dans la case correspondant à votre réponse.

Au cours du dernier mois, combien de fois...	**Jamais (0)**	**Presque jamais (1)**	**Parfois (2)**	**Assez souvent (3)**	**Très souvent (4)**
1. Avez-vous été dérangé par un événement inattendu ?					
2. Vous a-t-il semblé difficile de contrôler les choses importantes de votre vie ?					
3. Vous êtes-vous senti nerveux et stressé ?					
4. Avez-vous affronté avec succès les petits problèmes et ennuis quotidiens ?					
5. Avez-vous senti que vous faisiez face efficacement aux changements importants qui survenaient dans votre vie ?					
6. Vous êtes-vous senti confiant dans vos capacités à prendre en main vos problèmes personnels ?					
7. Avez-vous senti que les choses allaient comme vous le vouliez ?					
8. Avez-vous pensé que vous ne pouviez pas assumer toutes les choses que vous deviez faire ?					
9. Avez-vous été capable de maîtriser votre énervement ?					
10. Avez-vous senti que vous dominiez la situation ?					
11. Vous êtes-vous senti irrité parce que les événements échappaient à votre contrôle ?					

Au cours du dernier mois, combien de fois...	Jamais (0)	Presque jamais (1)	Parfois (2)	Assez souvent (3)	Très souvent (4)
12. Vous êtes-vous surpris à penser à des choses que vous deviez mener à bien ?					
13. Avez-vous été capable de contrôler la façon dont vous passiez votre temps ?					
14. Avez-vous trouvé que les difficultés s'accumulaient à un tel point que vous ne pouviez les surmonter ?					

Analyse des réponses

Reportez dans le tableau suivant, en face du numéro de chaque question, le nombre de points que vous lui avez attribué (jamais = 0, etc.) et additionnez horizontalement les points attribués :

1		2		3		8		11		12		14		**Total -**	
4		5		6		7		9		10		13		**Total +**	

Reportez vos deux totaux sur les plateaux de la balance : voyez-vous comment penche votre balance de stress ?

Exercice n° 7 • Repérez ce que vous pouvez changer

Les tests précédents et surtout la tenue pendant quelques semaines de votre carnet de stress vous ont donné suffisamment d'informations pour que vous puissiez mieux comprendre les situations dans lesquelles vous êtes stressé, vos stressors et comment se manifeste votre stress.

Installez-vous au calme et prenez le temps de réaliser la synthèse de toutes ces informations qui vous concernent.

1. Repérez ce que vous pouvez changer, en vous posant les questions suivantes :

- Puis-je éviter ou éliminer les stressors ?
- Puis-je réduire leur intensité ?
- Puis-je raccourcir mon exposition au stress ?
- Puis-je consacrer le temps et l'énergie nécessaires pour changer ?

2. Notez les réponses sur votre carnet de stress ou ci-dessous.

_ _

_ _

_ _

_ _

3. Résumez votre projet de changement sous une forme très simple et directe.

Par exemple :

J'ai constaté que je ________________________________

____

Aussi, je vais ________________________________

____

Commentaire

Cet exercice est l'occasion d'un premier bilan pour vous guider vers le changement. C'est donc à partir de la réflexion que vous venez de fournir que vous pourrez utiliser avec profit les exercices qui suivent.

Exercice n° 8 • Inventoriez vos symptômes de stress

Le stress se traduit par différents symptômes physiques et/ou psychologiques. Quels sont les signaux qu'il vous envoie ? Cet exercice est inspiré des travaux de Jacques Lafleur, psychologue clinicien, et Robert Béliveau, médecin.

Repérez dans la grille les symptômes de stress que vous avez ressentis durant le dernier mois.

Chaque symptôme est suivi des chiffres 0, 1, 2 et 3. Cochez :

- le 0 si vous n'avez pas du tout ressenti le symptôme en question ;
- le 1 si vous l'avez ressenti un peu ou rarement ;
- le 2 si vous l'avez ressenti modérément ou assez souvent ;

- le 3 si vous l'avez ressenti beaucoup ou continuellement.

Remarque : les énoncés en italique décrivent des manifestations d'un état de stress désirable que nous appelons équilibre (nous y reviendrons dans le commentaire). Répondez-y de la même manière.

Symptômes physiques	0	1	2	3
Symptômes de tension musculaire				
Mes muscles sont plutôt détendus.				
J'ai le visage tendu (les mâchoires serrées, le front crispé, etc.).				
J'ai des tensions dans la nuque ou dans le cou.				
Je sens de la pression sur mes épaules.				
Je suis crispé (j'ai les poings serrés, j'ai tendance à sursauter, etc.).				
Je sens un point entre les omoplates.				
J'ai des maux de tête.				
J'ai des maux de dos.				
J'ai des tremblements.				
J'ai continuellement besoin de bouger.				
J'ai de la difficulté à me détendre.				
Autres symptômes physiques				
Je suis en pleine santé.				
Je me sens fatigué.				
Je sens une boule dans l'estomac.				
Je sens une boule dans la gorge.				
Je vieillis vite.				
J'ai les yeux cernés.				

Symptômes physiques	0	1	2	3
Je dors mal/je prends des médicaments pour dormir.				
Je mange plus/moins que d'habitude.				
Je ressens des bouffées de chaleur ou des frissons.				
J'ai des palpitations.				
J'ai souvent froid aux mains ou aux pieds.				
Je transpire, j'ai les mains moites.				
J'ai des étourdissements ou des vertiges.				
J'ai le souffle court ou de la difficulté à respirer profondément.				
Je digère mal.				
J'ai des brûlures d'estomac.				
Je souffre de constipation/de diarrhée.				
J'ai des nausées.				
Mon cycle menstruel a changé.				
J'ai de l'hypertension artérielle (je fais de la haute pression).				
Certains de mes symptômes physiques se sont aggravés (arthrite, hypoglycémie, cholestérol, ulcères ou autre).				

Symptômes psychologiques	0	1	2	3
Symptômes émotionnels				
Je ressens de la joie.				
Je m'inquiète outre mesure.				

Symptômes psychologiques	0	1	2	3
Je panique.				
Je suis impatient.				
J'ai les nerfs à fleur de peau.				
Je me sens frustré.				
Je change d'humeur pour un rien.				
Je fais des colères pour un rien.				
Je suis de mauvaise humeur.				
Je suis triste.				
Je suis déprimé.				
Symptômes perceptuels				
Je trouve la vie agréable.				
Je n'ai plus le sens de l'humour.				
Je me sens pressé ou débordé.				
Je ne tire pas de plaisir des petites choses de la vie.				
Je suis préoccupé.				
Je vois tout comme une montagne.				
Dès que je vois quelqu'un, je crains qu'il n'ait quelque chose à me demander.				
J'ai perdu confiance en moi.				
Je fais des drames avec des riens.				
J'ai une attitude négative, je prends tout mal.				
Je pense que je ne vaux pas grand-chose ou que je ne fais jamais rien de bon.				

Symptômes psychologiques	0	1	2	3
Symptômes motivationnels				
Je suis motivé pour mes projets.				
Je fais passer mes tâches avant tout.				
Je ne sais pas ce que je veux.				
Je manque d'enthousiasme.				
Je n'ai pas le goût de faire quoi que ce soit.				
J'ai perdu intérêt pour beaucoup de choses.				
J'ai de la difficulté à me mettre à la tâche, je remets au lendemain.				
J'ai perdu le désir d'apprendre, de m'instruire.				
Je ne veux pas de projets stimulants, de défis.				
Je suis découragé.				
Je me contente de faire ce qu'on exige de moi.				
Symptômes comportementaux				
J'agis le plus souvent de façon saine et appropriée.				
J'ai des comportements brusques, j'ai des gestes malhabiles, je laisse tomber des objets.				
Je fais tout vite (manger, marcher, bouger, travailler, etc.).				
Je tape du pied, des doigts, je me mords l'intérieur de la bouche, je me ronge les ongles, je ris nerveusement, etc.				
Je me préoccupe constamment de l'heure.				
Je saute des repas.				

Symptômes psychologiques	0	1	2	3
Je fais de plus en plus d'efforts pour de moins en moins de résultat.				
Je fuis tout ce que je peux fuir.				
Je bois davantage de café ou d'alcool ou je fume davantage.				
Je prends des médicaments pour les nerfs.				
Je prends de la drogue.				
Symptômes intellectuels				
Je me sens en pleine possession de toutes mes facultés intellectuelles.				
Je passe beaucoup de temps en divertissements faciles (télé, potins, jeux faciles, etc.).				
J'ai un tourbillon d'idées dans la tête.				
J'ai les idées confuses.				
J'ai des idées fixes.				
Je rumine les mêmes choses, je tourne en rond sans déboucher.				
J'ai de la difficulté à me concentrer.				
J'ai des troubles de mémoire.				
Je ne produis rien intellectuellement.				
Je trouve que tout est trop compliqué.				
J'ai la tête vide.				
Symptômes relationnels				
Je me sens bien avec les autres et je me sens bien seul.				
J'ai peur de rencontrer de nouvelles personnes.				
Je suis intolérant.				

Symptômes psychologiques	0	1	2	3
J'ai beaucoup de ressentiment.				
J'éprouve constamment de l'agressivité.				
J'ai de la difficulté à être aimable.				
J'ai moins le goût d'écouter les autres.				
Je fuis les relations intimes.				
Je suis distrait quand je suis en compagnie d'autres personnes.				
Mon désir sexuel a changé.				
Je m'isole.				
Symptômes existentiels				
Je trouve que la vie est belle.				
Je me sens inutile.				
Je ne sais plus à quelles valeurs me raccrocher.				
Ma vie spirituelle a changé.				
J'ai l'impression que quelque chose en moi est brisé.				
J'ai l'impression de ne plus me reconnaître.				
Je suis au bout du rouleau.				
J'ai un sentiment de vide.				
Je pense que la vie n'a pas de sens.				
Je suis désespéré.				
J'ai des idées suicidaires.				

Analyse des résultats

Ce questionnaire aide à prendre conscience de l'ensemble des manifestations de notre tension actuelle. Selon leur nature, leur intensité (si on a quelques pertes de mémoire, c'est moins grave que si on oublie tout) et leur nombre, nos symptômes nous montrent qu'on est en équilibre (la vie est belle, je me sens bien avec les autres, etc.) ou en déséquilibre (je suis découragé, je ressens de la fatigue, etc.) ; et ce déséquilibre peut être plus ou moins grand (avoir des idées suicidaires, c'est plus grave que de regarder souvent l'heure).

L'idée est de constater l'état de tension qui est présentement le nôtre. Observer est une première étape. Quand on sait mieux quel est son niveau de stress, on peut travailler à aller mieux.

La nature des symptômes

Votre niveau de stress est très élevé si vous avez mis des 2 ou des 3 auprès de l'un ou l'autre des symptômes suivants. Il serait bon dans ce cas d'aller chercher une aide professionnelle.

Ces symptômes sont : je vieillis vite, je panique, j'ai les nerfs à fleur de peau, je suis déprimé, je m'isole, j'ai perdu le désir d'apprendre, je fuis tout ce que je peux fuir, j'ai un sentiment de vide, je n'ai pas le goût de faire quoi que ce soit, je fais de plus en plus d'efforts pour de moins en moins de résultat, j'ai l'impression de ne plus me reconnaître, j'ai l'impression que quelque chose en moi est brisé, je suis désespéré, je suis au bout du rouleau ou j'ai des idées suicidaires.

Si vous avez mis des 1 pour ces mêmes symptômes, des changements s'imposeront bientôt pour éviter que votre état s'aggrave.

L'intensité des symptômes

Les symptômes de stress vont ensemble. Si vous avez mis des 2 ou des 3 dans au moins cinq des huit catégories ci-dessus, vous êtes trop stressé et auriez avantage à changer des choses pour vivre mieux.

Le nombre de symptômes

Il n'y a pas de nombre de symptômes en deçà duquel tout va bien et au-delà duquel tout va mal. Cela dit, si vous ressentez modérément ou beaucoup plus d'une quinzaine de symptômes (vous avez mis

2 ou 3), travailler à baisser votre tension vaut la peine. Si vous en avez quarante ou plus, vous pouvez difficilement vous cacher que ça va mal.

Les indices d'équilibre

Chaque catégorie de symptômes commence par un indice écrit en italique qui révèle un état d'équilibre. Ils sont aussi importants que les autres. Ainsi, si on trouve que la vie est belle, si on a des projets et de l'énergie, si on se sent bien seul et avec les autres, on est probablement près de l'équilibre, même si on a occasionnellement des maux de tête et parfois de la difficulté à se concentrer.

Reprenez régulièrement ce questionnaire !

Vos réponses vous indiquent votre état de tension actuel. Dans quelques mois, selon les changements que vous aurez mis en œuvre et selon les nouveaux événements qui auront marqué votre vie, votre état de tension pourra avoir évolué. C'est pourquoi il est utile de noter la date à laquelle vous avez rempli le questionnaire, de conserver vos résultats et de répondre de nouveau dans quelques mois, et ainsi de suite, périodiquement.

2

Faire confiance : à soi-même et aux autres

La **deuxième clé** va nous faire changer de posture, nous faire passer de la méfiance à la **confiance.** Cette clé est un outil de l'analyse transactionnelle, dont le père est le psychiatre américain Eric Berne, il s'agit des **Positions de Vie.**

Malgré les contraintes extérieures (agents stresseurs externes) qui ne sont que les facteurs déclencheurs du stress, nous pourrions dire que la plupart du temps nous nous stressons tout seul. Le stress que nous ressentons provient souvent d'une « distorsion cognitive » – l'écart entre ce que nous voyons ou ce que nous aimerions voir et ce qui est vraiment dans la réalité objective.

Exercice n° 9 ⓐ : Découvrez vos Positions de Vie préférentielles

Dans le vocabulaire de l'analyse transactionnelle, une Position de Vie est un comportement général, une posture dans la relation à l'autre. Aux quatre façons de se voir et de voir les autres correspondent quatre Positions de Vie.

Pour chacun des thèmes de vie professionnelle ci-dessous, vous possédez un capital de dix points à répartir sur les quatre attitudes proposées en fonction de la fréquence avec laquelle vous agissez.

Thèmes de vie professionnelle	Points
Style de négociation	
a) Il y a toujours un gagnant et un perdant. Je m'arrange pour être le gagnant.	
b) Si tu veux gagner, gagne, je ne me battrai pas.	
c) Je me ferai peut-être avoir, mais je t'aurai aussi.	
d) Tenons compte des intérêts de chacun pour trouver un accord satisfaisant.	
	Total : 10
Style de commandement (si vous n'êtes pas en situation de commander, imaginez-vous dans cette situation)	
a) Je me justifie, me défends, parfois je critique, parfois je me protège.	
b) J'utilise le contrôle et la persuasion. Je n'hésite pas à faire pression.	

Thèmes de vie professionnelle	Points
c) J'aide les gens. La sympathie m'aide à me faire accepter.	
d) J'informe, et c'est ensemble que nous analysons les problèmes et les opportunités.	
	Total : 10
Approche des problèmes	
a) J'essaie de les éluder, je m'arrange.	
b) Je tiens aux objectifs et aussi à la qualité de vie de chacun.	
c) Je me soucie surtout de tenir les objectifs.	
d) Je fais en sorte que chacun soit satisfait.	
	Total : 10
Attitude face aux règles	
a) Pour moi, les règles sont les règles, c'est tout.	
b) Les règles sont de bonnes choses. J'insiste pour qu'on les suive.	
c) Les règles sont utiles, mais n'en soyons pas prisonniers.	
d) Je pense qu'on doit s'efforcer de suivre les règles.	
	Total : 10
Vision des conflits	
a) Les conflits peuvent être utiles. Ils nous offrent des occasions de progresser.	
b) Je n'aime pas les conflits, ils nuisent aux relations.	
c) J'estime qu'il faut d'abord penser au travail et ne pas refaire le monde.	

Thèmes de vie professionnelle	Points
d) Ce n'est pas mon affaire.	
	Total : 10
Réaction à la colère	
a) Je n'aime pas m'affronter à la colère, ça m'est pénible.	
b) La colère me rend très désagréable et méfiant.	
c) En cas de colère, je provoque une bonne confrontation.	
d) J'en veux à ceux qui se permettent d'exprimer leur colère, je rumine ma rancœur.	
	Total : 10
Attitude envers le supérieur	
a) Je vois bien les points faibles de mon supérieur. Je critique ou je manipule.	
b) Je fais de mon mieux. J'espère être apprécié.	
c) À chacun son travail.	
d) On discute, on échange, on négocie.	
	Total : 10
Humour	
a) Je fais rire à mes dépens.	
b) Je pratique l'ironie désabusée.	
c) Je sais trouver le mot qui libère et détend l'atmosphère.	
d) Mon humour est caustique et mordant.	
	Total : 10

Analyse des résultats

Reportez le nombre de points obtenus pour chaque proposition de chaque thème et additionnez chaque colonne.

	+/+	+/-	-/+	-/-
Style de négociation	d	a	b	c
Style de commandement	d	b	c	a
Approche des problèmes	b	c	d	a
Attitude face aux règles	c	b	d	a
Vision des conflits	a	c	b	d
Réaction à la colère	c	d	a	b
Attitude envers le supérieur	d	a	b	c
Humour	c	d	a	b
Nombre de points				

Si votre score est important en catégorie +/+ : *vous êtes du type* ***positif****. Vous avez foi en vous et dans les autres. Vous réagissez d'une manière dynamique et constructive aux problèmes posés. Vous pensez en stratège et savez gagner sans écraser.*

Si votre score est important en catégorie +/– : *vous êtes du type* ***combatif****. Vous êtes axé sur les objectifs, seul le résultat compte. Vous réagissez plus avec vos humeurs qu'avec votre « entendement ». Vous avez souvent un comportement dominant et les événements sont traduits en termes de pouvoir. Un travail sur l'écoute vous serait utile.*

Si votre score est important en catégorie –/+ : *vous êtes du type* ***conciliant****. Vous avez le goût de la communication ; les émotions vous guident et vous êtes attentif aux autres. Plus porté à accepter qu'à contester, vous fuyez les situations de conflit. Vous ne vous mettez peut-être pas assez en valeur. Un travail sur l'assertivité (cf. exercice* ***n° 42****) vous serait utile.*

Si votre score est important en catégorie –/– : *vous êtes du type* ***défensif****. En position de repli souvent, vous ne faites confiance ni à vous ni aux autres et restez sur la réserve. Peu optimiste, vous n'attendez pas grand-chose des autres, ni même de vous ; le hérisson est votre cousin ! Vous avez besoin d'entrer dans un itinéraire de développement personnel.*

Attention, *n'oubliez pas d'observer dans le tableau les situations qui ont obtenu moins de 5 points en +/+, et surtout celles qui ont obtenu 5 points et plus en –/–, c'est sur celles-ci que vous devrez faire porter votre effort de changement de posture.*

Exercice n° 9 b : Diagramme des Positions de Vie

Les Positions de Vie que nous venons de distinguer peuvent être visualisées schématiquement à l'aide du diagramme des Positions de Vie.

Reportez sur chaque axe le nombre total de points obtenus dans l'exercice précédent. Reliez ensuite les quatre points repérés.

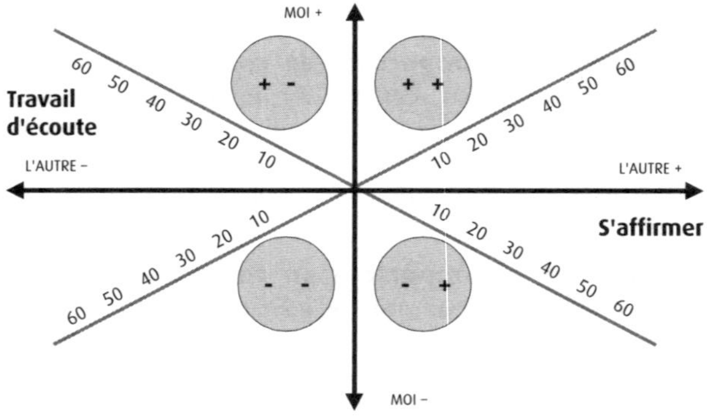

Observez le quadrilatère que vous venez de dessiner.

Commentaire

Si le quadrilatère obtenu ressemble à une flèche tendue sur l'axe +/+, bravo, vous êtes dans la confiance.

Si votre quadrilatère est ventru du côté +/–, je vous conseille de perfectionner votre écoute.

Si votre quadrilatère est ventru du côté –/+, je vous conseille d'être plus assertif.

Dans notre civilisation occidentale, depuis que nous sommes petits, nous sommes poussés à la compétition. Qui de nous n'a jamais proféré une phrase du style : « Elle a marché plus tôt que son frère », « Il parle mieux que le petit voisin qui a deux mois de plus », etc. Qui n'a jamais entendu les petits eux-mêmes, dès la maternelle, dire : « Ma maman est plus jolie », « Mon papa a une plus grosse voiture », « J'ai plus de jouets que toi », etc. Cette **position de compétition** *est si stressante qu'au Japon, où les enfants y sont poussés à l'extrême, on constate un grand nombre de suicides d'enfants.*

Dans cette compétition, il y a un gagnant et un perdant. On peut partir en situation de **domination (+/–)***, très confiant en sa personnalité et ses moyens propres, et très méprisant pour les autres : « C'est normal que tout le monde m'obéisse, moi je sais ce qu'il faut faire et tous les autres sont des ignares. » On peut, au contraire, partir en position de* **soumission (–/+)***, en se dévalorisant et en mettant les autres sur un piédestal : « Je ne sais pas comment ils font pour être si brillants, moi je n'y arriverai jamais. » Mais, attention, ces deux rôles sont souvent alternés : « Je te dévalorise, tu me dévalorises. »*

La position de **destruction (–/–)** *est une position suicidaire – « Le monde est mauvais, je ne vaux rien, je disparais » – ou même une position que l'on voit beaucoup se développer actuellement, celle du terroriste kamikaze : « Le monde est mauvais, je ne vaux rien, je me détruis en le détruisant en même temps. » Plus légèrement on peut trouver cette position chez les automobilistes parisiens dans les bouchons : « Je ne passe pas, tu ne passes pas non plus. »*

Quand je suis en position de **coopération (+/+)***, j'ai confiance en moi et en l'autre : « Voyons ce que nous pouvons gagner tous les deux ! Trouvons ensemble la solution qui peut nous satisfaire l'un et l'autre ! » On l'appelle aussi la position gagnant-gagnant. C'est la* *seule position antistress, puisque je ne suis pas en position de survie face aux autres dont je me méfie, mais en véritable position de vie avec les autres en qui j'ai confiance.*

Exercice n° 10 • Développez votre position de coopération en couple

Nous venons de voir que seule la position de coopération ne génère pas de stress... Or les relations de couple peuvent occasionner des situations stressantes. Comment faire, donc, pour se placer en position de coopération +/+ avec son conjoint ?

Installez-vous au calme et remplissez les trois colonnes suivant l'exemple ci-dessous : dans la première, décrivez rapidement la situation stressante ; dans la deuxième, le comportement inadapté que vous avez eu ; et dans la troisième, le comportement alternatif que vous auriez pu avoir pour être en position de coopération.

Situation stressante	Position de Vie dans cette situation	Comportement alternatif : comment se comporter pour être en coopération (+/+)
Solange va partir du bureau. Elle est fatiguée car son patron l'a surchargée de demandes, et n'aspire qu'à mon lit. Son conjoint l'appelle à la sortie du travail pour qu'elle le rejoigne au restaurant car il a réservé pour ce soir.	Elle se sent agressée par cette prise de décision unilatérale. Son cœur se met à battre la chamade, elle serre les lèvres et les poings. Elle répond sur un ton péremptoire et désagréable : « Tu aurais pu me demander mon avis avant de faire des folies ! » Et la dispute commence. Un nœud s'installe dans sa poitrine et sa colère explose… Elle est en domination (+/–).	Elle répond : « Je reconnais que c'est gentil de penser à nous organiser un moment de détente. C'est une bonne idée. Mais tu sais ce qui me détendrait vraiment ? Rester à la maison et me coucher tôt. Toi, c'est sortir qui te plaît le plus ? Si oui, eh bien, je te suis, mais viens me chercher car je manque un peu de courage pour te rejoindre. Sinon, si tu veux bien suivre mon envie, on se commande un petit dîner japonais et on passe une soirée câline à la maison. Qu'est-ce que tu choisis ? »
Votre situation stressante :	**La Position de Vie que vous avez adoptée :**	**Le comportement alternatif que vous auriez pu adopter :**

Commentaire

La prochaine fois que vous serez dans la situation que vous avez décrite, ne vous laissez pas entraîner dans vos habitudes et adoptez le comportement alternatif +/+ que vous avez proposé.

Exercice n 11 • Développez votre position de coopération en famille

Comme les relations de couple, les rapports au sein d'une famille (parents/enfants, par exemple) sont souvent source de stress. Pouvez-vous proposer des moyens pour adopter une position de coopération ?

Installez-vous au calme et remplissez les trois colonnes suivant l'exemple ci-dessous : dans la première, décrivez rapidement la situation stressante ; dans la deuxième, le comportement inadapté que vous avez eu ; et dans la troisième, le comportement alternatif que vous auriez pu avoir pour être en position de coopération.

Situation stressante	Position de Vie dans cette situation	Comportement alternatif : comment se comporter pour être en coopération (+/+)
Marion rentre du boulot et trouve éparpillés au milieu du living les baskets les chaussettes, le pull, le sac de cours de son fils de 15 ans, ainsi qu'un grand pot de fromage blanc vide sur le canapé avec la cuillère et un verre sales à côté. Elle gardait ce pot au frigo pour faire une tarte le soir. Elle entend de la musique dans la chambre de son fils...	Elle n'est pas contente, mais garde tout pour elle car son fils est en pleines révisions pour ses contrôles, et c'est encore heureux qu'il ne soit pas allé traîner avec ses copains ! Elle met son linge sale dans le coffre à linge, range ses chaussures devant la porte de sa chambre, nettoie le canapé et ressort acheter du fromage blanc. « Ce n'est vraiment pas possible de faire participer un ado aux travaux ménagers. » Elle se sent toute désemparée, elle est en soumission (–/+).	Elle ne touche à rien et frappe à la porte de la chambre : « Arnaud, je sais que tu adores le fromage blanc, mais justement, je voulais faire une tarte ce soir et le pot est vide. Peux-tu aller en racheter un à la supérette, s'il te plaît ? Si tu as besoin de tes chaussures, elles sont dans le living avec d'autres objets que tu pourras remettre à un endroit plus adapté à ton retour. »
Votre situation stressante :	**La Position de Vie que vous avez adoptée :**	**Le comportement alternatif que vous auriez pu adopter :**

Commentaire

La prochaine fois que vous serez dans la situation que vous avez décrite, ne vous laissez pas entraîner dans vos habitudes et adoptez le comportement alternatif +/+ que vous avez proposé.

Exercice n° 12 • Développez votre position de coopération au bureau

Enfin, outre le couple et la famille, le bureau est un lieu où les exigences de réussite et de performance peuvent favoriser le stress. Comment parer à une situation stressante en ayant un comportement de coopération ?

Installez-vous au calme et remplissez les trois colonnes suivant l'exemple ci-dessous : dans la première, décrivez rapidement la situation stressante ; dans la deuxième, le comportement inadapté que vous avez eu ; et dans la troisième, le comportement alternatif que vous auriez pu avoir pour être en position de coopération.

Situation stressante	Position de Vie dans cette situation	Comportement alternatif : comment se comporter pour être en coopération (+/+)
Le collègue avec qui Bertrand partage le bureau parle beaucoup trop fort au téléphone avec son interlocuteur, un client mécontent, et ça dure, ça dure… Bertrand n'arrive pas à se concentrer sur le document qu'il doit terminer pour ce soir, il fait des erreurs de manipulation de son ordinateur, tapote machinalement son bureau avec un stylo, et le sol avec son talon.	Il pense : « J'en ai vraiment assez de ses façons de sans-gêne ! Pour qui se prend-il ? Il va voir ce que c'est d'être dérangé ! » Il décroche son téléphone et appelle un correspondant en parlant encore plus fort que son collègue, pour lui montrer comme c'est désagréable ! L'interlocuteur est un peu décontenancé et du coup ne répond que par onomatopées, tandis que Bertrand monologue en vociférant sans même bien comprendre ce qu'il dit. Il n'est plus du tout possible de se concentrer dans cette ambiance saturée de décibels, mais « tant pis, pense-t-il, mon collègue n'avait pas besoin de commencer » ! Il est en destruction (–/–).	Il se positionne pour que son collègue puisse le voir, et lui fait des signes pour attirer son attention, jusqu'à ce que celui-ci arrête de parler et lui demande ce qu'il y a. Il lui dit : « Cela n'a pas l'air très facile, ce coup de téléphone, et tu prends cela à cœur, tellement à cœur que je suis plus attentif à ce que tu dis qu'à ce que je suis en train de faire et que je dois absolument finir ; aussi est-ce que tu peux parler moins fort pour que je me concentre à nouveau sur mon propre travail ? Merci. »
Votre situation stressante :	**La Position de Vie que vous avez adoptée :**	**Le comportement alternatif que vous auriez pu adopter :**

Commentaire

La prochaine fois que vous serez dans la situation que vous avez décrite, ne vous laissez pas entraîner dans vos habitudes et adoptez le comportement alternatif +/+ que vous avez proposé.

Exercice n°13 • Évaluez votre emprise sur votre vie

Notre « image de soi » guide nos actes et alimente notre énergie. Il est nécessaire d'avoir confiance en soi pour se consacrer avec toute son énergie à ses projets et être efficace.

De même, il nous est plus facile d'être efficace dans un environnement que nous contrôlons. On mesure ce contrôle sur la réalité par la tendance que nous avons à croire que nos réussites et nos échecs dépendent avant tout de nous-mêmes ou, au contraire, à croire qu'ils dépendent avant tout des circonstances extérieures.

Nous sommes donc plus motivés et plus performants si nous avons une image de nous positive et un contrôle de la réalité positif.

Voici un test d'évaluation de votre profil d'efficacité. Il est constitué de 40 affirmations portant sur l'image de soi ou le degré de contrôle des événements. En y répondant, vous mettrez en évidence votre profil personnel.

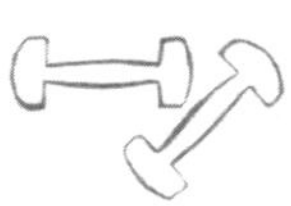

1. Vous disposez pour chaque groupe de quatre affirmations d'un total de 10 points à répartir entre elles, selon le poids et l'importance que vous accordez à chacune par rapport aux autres.

1. J'accueille tous mes clients avec beaucoup d'enthousiasme.	
2. Quand on manque de temps, on ne peut pas être efficace.	
3. Rares sont les limites incontournables.	
4. L'efficacité dépend des moyens dont on dispose.	
	Total : 10
5. Je cherche régulièrement à acquérir de nouvelles méthodes pour être plus efficace.	
6. Je peux fournir une grosse quantité de travail en peu de temps.	
7. Les règles ne servent à rien.	
8. Plus je vieillis, plus j'ai du mal à changer mes habitudes.	
	Total : 10
9. Je me dépense souvent au point d'être fatigué tout en pensant que ça en valait la peine.	
10. C'est impossible d'arriver à être bien organisé avec un entourage qui ne l'est pas.	
11. Je pense qu'il y a plusieurs méthodes de travail possibles pour traiter un problème.	
12. On perd son temps à lire la documentation qu'on reçoit.	
	Total : 10
13. J'aime raconter les choses que j'ai réussies dans la vie.	
14. L'imagination créatrice n'est pas donnée à tout le monde.	
15. Pour réussir, il faut avoir de la chance.	
16. Je suis prêt à braver le qu'en-dira-t-on si nécessaire.	
	Total : 10

17. Je me sens entièrement libre de mes choix.	
18. C'est ce qu'on fait qui prouve ce qu'on veut vraiment.	
19. On ne peut pas éviter d'être dérangé par ses collègues.	
20. Je suis capable de faire encore mieux dans bien des situations.	
	Total : 10
21. Je suis très attentif à mon image.	
22. Dans les stages de formation, je me prête volontiers aux exercices pratiques.	
23. Chacun est tributaire de ses dispositions personnelles.	
24. Il y a trop de réunions qui ne mènent à rien.	
	Total : 10
25. C'est quand la situation est difficile que je suis meilleur.	
26. Le téléphone est une source de dérangement.	
27. Je ne suis pas bon quand j'improvise.	
28. La portée d'un stage de formation est limitée par la réalité professionnelle.	
	Total : 10
29. Ma vie et ma carrière dépendent entièrement de moi.	
30. Rares sont les gens qui respectent leurs engagements.	
31. J'aime apporter une note personnelle à un travail routinier.	
32. Les obstacles sont pour moi des occasions de me dépasser.	
	Total : 10

33. On ne peut pas grand-chose contre les imprévus.	
34. La spontanéité, ça ne s'apprend pas.	
35. C'est difficile d'équilibrer vie professionnelle et vie personnelle ; on sacrifie forcément une des deux.	
36. Quand j'échoue, je fais le point et j'en tire plus de courage encore pour la fois suivante.	
	Total : 10
37. Je remets facilement en question mes habitudes.	
38. De toute manière, on finit toujours par se faire avoir.	
39. Dans bien des cas, c'est en se préparant qu'on a de fortes chances de réussir.	
40. À notre époque, on est condamné au surmenage.	
	Total : 10

2. Reportez devant chaque numéro de question la note que vous lui avez attribuée. Puis faites le total dans chaque colonne pour faire apparaître votre profil.

IMAGE DE SOI				**CONTRÔLE DE LA RÉALITÉ**			
POSITIVE		**NÉGATIVE**		**POSITIF**		**NÉGATIF**	
1		2		3		4	
5		7		9		10	
6		8		11		12	
13		14		17		19	
16		15		18		24	
20		23		25		26	
21		27		29		28	
22		34		32		30	
31		35		36		33	
37		38		39		40	
Total		**Total**		**Total**		**Total**	

3. Sur le diagramme des attitudes intérieures qui suit pouvez-vous vous situer en rapportant les totaux de chacune des rubriques ? De quelle lettre êtes-vous le plus proche ?

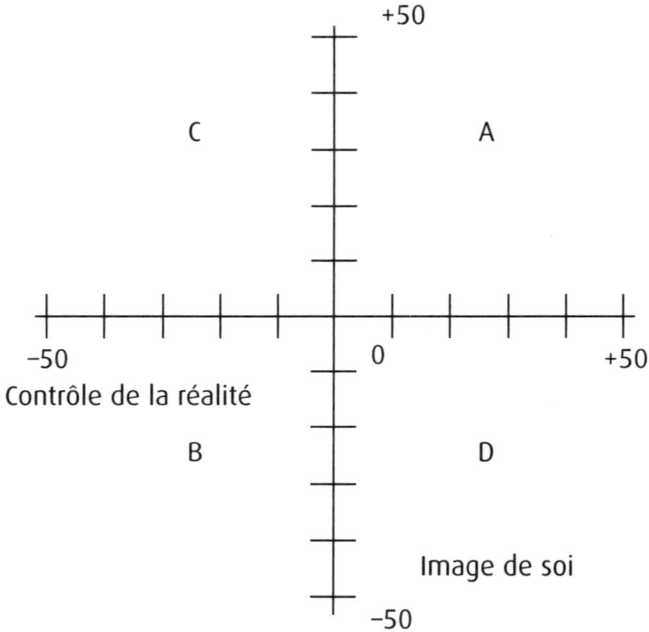

Analyse des résultats

Si vous êtes plutôt du ***type A,*** *vous êtes un gagneur, vous avez un haut niveau d'énergie, vous avez confiance en vous, vous avez une ouverture d'esprit, vous êtes innovateur, entrepreneur.*

Si vous êtes plutôt du ***type B,*** *vous êtes victime, dépendant, soumis, surmené, fataliste, anxieux, réfractaire, routinier.*

Si vous êtes plutôt du ***type C,*** *vous avez un manque d'habiletés sociales, vous êtes égocentré, instable, cyclothymique, autosatisfait.*

Si vous êtes plutôt du ***type D,*** *vous êtes réaliste, critique, exigeant, cynique, perfectionniste.*

3

Se fixer des objectifs réalistes et se focaliser sur eux

La **troisième clé** est un véritable passe-partout, c'est la clé de **l'objectif,** utile non seulement pour gérer le stress, mais aussi pour gérer notre vie en général.

Nous pouvons nous fixer des objectifs annuels, mensuels, hebdomadaires, journaliers. Ces derniers sont les plus utiles pour nous aider à gérer les pressions de l'urgence.

Exercice n° 14 • Déterminez vos valeurs

Le test qui suit (inspiré des travaux de Claude Daubercies) va vous permettre de mieux cerner vos désirs, de connaître les valeurs auxquelles vous croyez.

Imaginez qu'un bon génie vous accorde une seconde vie et, dans son extrême bonté, vous laisse choisir les atouts dont vous pourrez disposer pour réussir cette vie-là ; mais la générosité de ce bon génie est limitée, vous ne pourrez posséder que dix atouts...

1. Dans la liste ci-dessous, sélectionnez vos dix atouts et donnez-leur une note : de 1 (le plus important) à 10 (le moins important).

Valeurs	Note	Valeurs	Note
1. Être riche		**11.** Être indispensable	
2. Être tolérant		**12.** Savoir toujours faire face	
3. Être gai		**13.** Être un chef	
4. Être philosophe		**14.** Être considéré	
5. Être chaleureux		**15.** Être sensuel	
6. Être beau		**16.** Être créatif	
7. Être sportif		**17.** Être sûr de soi	
8. Faire bonne impression		**18.** Être ferme	
9. Être respecté		**19.** Être élégant	
10. Être intelligent		**20.** Apprécier la bonne chère	

Valeurs	Note	Valeurs	Note
21. Être honnête		**38.** Être gagnant	
22. Avoir la foi en Dieu		**39.** Être diplômé	
23. Avoir la foi en soi		**40.** Être célèbre	
24. Être bien logé		**41.** Être estimé	
25. Être libre		**42.** Être sincère	
26. Être à l'aise		**43.** Être facile à vivre	
27. Être courageux		**44.** Être subtil	
28. Être efficace		**45.** Être curieux de tout	
29. Être engagé (sociale-ment ou politiquement)		**46.** Être entouré d'enfants	
30. Réussir en affaires		**47.** Avoir une famille unie	
31. Être heureux de vivre		**48.** Avoir le temps	
32. Être bien portant		**49.** Avoir servi une grande cause	
33. Être aimé		**50.** Vivre en autarcie	
34. Être bien dans sa peau		**51.** Avoir de grands pouvoirs	
35. Être entouré		**52.** Être génial	
36. Aider les autres		**53.** Être original	
37. Être responsable			

2. Dans le tableau ci-contre reportez les points que vous avez attribués à chaque valeur (1 à 10 pour celles que vous avez sélectionnées, ou 0 pour celles que vous n'avez pas choisies) en face du numéro correspondant. Ensuite, faites le total de chaque colonne.

Valeurs											
hédonistes		économiques		affectives		sociales		morales		intellectuelles	
6		1		3		8		2		4	
7		24		5		9		12		10	
15		26		11		13		17		16	
19		30		33		14		18		25	
20		38		35		29		21		44	
31		50		43		36		22		45	
32				46		39		23		52	
34				47		40		27			
48						41		28			
						49		37			
						51		42			
						53					
Totaux											

Commentaire

Nous avons distingué les valeurs hédonistes (recherche du plaisir), économiques (recherche de la possession matérielle), affectives (recherche des relations affectives), sociales (recherche du pouvoir), morales (recherche de conformité) ou intellectuelles (recherche de développement personnel).

Attention, l'interprétation de vos choix doit tenir compte de deux paramètres qui interfèrent fortement.

***1er paramètre :** vos choix peuvent s'être portés sur des valeurs de type « **pragmatique** », privilégiant l'avoir, le pouvoir, le paraître* *social (ex. : être riche, être chef, être bien logé...) ou sur des valeurs de type* **« éthique »** *privilégiant l'âme, l'esprit, le cœur (ex. : croire en Dieu, être créatif, aider les autres). Mais ici comme ailleurs, le manichéisme porte au ridicule, d'abord parce qu'il serait aberrant de cataloguer les humains en deux catégories : les jouisseurs et les Mère Teresa ! Ensuite parce qu'un second paramètre vient perturber la simplicité du classement…*

2e paramètre : *Le choix établi a pu exprimer :*

- **ce que vous êtes** *réellement (ce à quoi vous adhérez vraiment) ;*
- **ce que vous voudriez être** *(les pouvoirs ou les vertus que vous n'avez pas mais que vous aimeriez posséder s'il fallait revivre votre vie). C'est le « syndrome de la gazelle » qui, ayant vécu poursuivie par le lion, voudrait, dans l'autre vie, être un peu lion à son tour. Il y a des naïfs qui aimeraient, de temps en temps, être Machiavel !*
- *ou* **ce que vous aimeriez paraître** *(les pouvoirs ou les vertus que vous aimeriez que l'on vous reconnaisse). Même de bonne foi, votre auto-évaluation peut être complaisante ou simplement déformée : peut-il y avoir un regard objectif sur soi ?*

Vous chercherez donc, pour vous épargner trop de stress, à faire le tri entre ce qui est réellement important pour vous et ce qui passe au second plan.

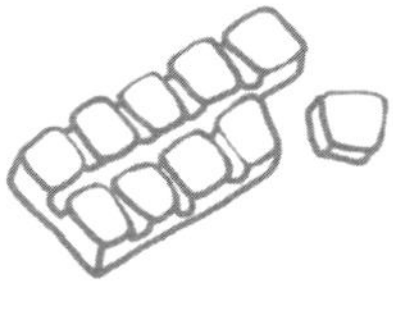

Exercice n° 15 • Découvrez vos motivations

Vous avez à présent reconnu vos valeurs. Qu'en est-il de vos motivations ? Qu'est-ce qui vous fait agir, dans votre vie professionnelle, par exemple ?

Parmi les 35 assertions ci-dessous, choisissez-en 10 qui vous semblent être les besoins les plus importants pour un salarié. Inscrivez votre choix dans la colonne A. Ensuite, choisissez-en 10 qui vous paraissent actuellement correspondre à des besoins satisfaits pour vous. Inscrivez votre choix dans la colonne B.

Motivations du salarié	A	B
1. Un supérieur compétent et efficace		
2. Une participation fréquente à des réunions professionnelles		
3. La liberté de prendre des risques		
4. Une définition rigoureuse des postes et des fonctions		
5. La sécurité de l'emploi		
6. Le prestige de l'entreprise		
7. Le choix d'une date de vacances		
8. Des collègues de travail sympathiques		
9. La possibilité de mettre en pratique ses propres idées		
10. La possibilité d'avancement et de promotion		
11. Un plan de carrière défini		

Motivations du salarié	A	B
12. Une bonne intégration dans son groupe de travail		
13. Une entreprise près du domicile		
14. La considération habituellement portée au travail de qualité		
15. La liberté dans le travail		
16. La position et le statut dans l'entreprise		
17. Une communication encouragée entre les individus		
18. Un cadre et un environnement agréables		
19. Une entreprise sérieuse et solide		
20. Un salaire élevé		
21. De réelles possibilités de formation et de développement personnel		
22. Une bonne connaissance des règlements et sanctions éventuelles		
23. Le respect des individus considérés comme des personnes		
24. Des horaires compatibles avec la vie de famille		
25. D'importantes responsabilités		
26. Des avantages économiques		
27. Un contrôle du travail fiable et efficace par l'encadrement		
28. La possibilité de se tenir au courant de la vie de l'entreprise		
29. La conviction de l'importance et de l'utilité de son travail		
30. Des encouragements de sa hiérarchie		
31. De longues périodes de vacances		

Motivations du salarié	A	B
32. L'épanouissement dans un travail stimulant et intéressant		
33. Des avantages sociaux particuliers		
34. Un accord complet avec les objectifs et la politique de l'entreprise		
35. La possibilité de choisir et de moduler ses heures de travail		

Sur le tableau ci-dessous, reportez les points que vous avez attribués à chaque item (2 si coché deux fois, c'est-à-dire dans les colonnes A **et** B ; 1, si coché une fois, dans la colonne A **ou** dans la colonne B ; ou 0) en face du numéro correspondant. Faites le total de chaque colonne.

Besoin d'auto réalisation		Besoin de reconnaissance		Besoin d'appartenance		Besoin de sécurité		Besoins physiologiques	
3		6		1		4		7	
9		10		2		5		13	
15		14		8		11		18	
21		16		12		19		24	
29		20		17		22		26	
32		25		23		27		31	
34		30		28		33		35	
Total									

Commentaire

Vous avez mis en évidence le type de besoin que vous souhaitez voir prioritairement satisfait. C'est le sociologue Maslow qui, dans les années 1970, en réponse à la question : « Qu'est-ce qui fait agir un individu ? », avait établi une « pyramide » constituée des besoins suivants :

- *à la base, un individu agit pour satisfaire des* **besoins « physiologiques »***, tels que manger, boire, dormir ;*
- *au deuxième degré, dès qu'il a satisfait ses besoins physiologiques, l'individu a* **besoin de sécurité***, par exemple conserver sa nourriture, s'abriter ;*
- *au troisième niveau, l'individu a* **besoin de se retrouver en groupe***, dans une structure socialisée ;*
- *au quatrième niveau, il a* **besoin***, au sein de cette structure,* **d'être reconnu***, d'avoir un nom, un rôle social, une fonction au sein du groupe (le pêcheur, le chasseur, le juge, etc.) ;*
- *enfin il souhaitera* **apporter sa pierre** *à l'édifice, ou laisser derrière soi une « grande œuvre » pour les générations futures.*

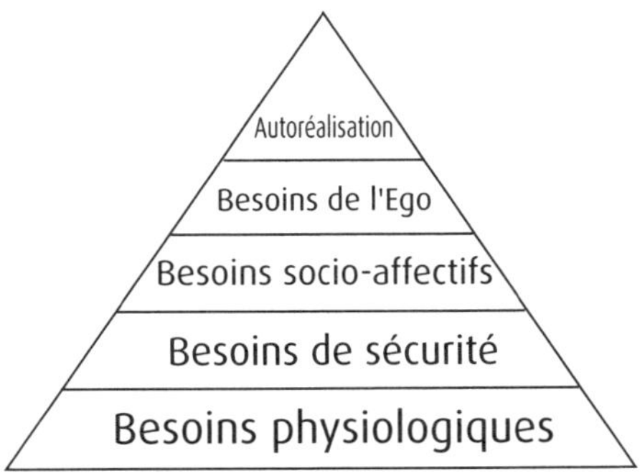

Exercice n°16 • Définissez votre objectif

Voici un questionnaire qui va vous aider à définir votre objectif à court ou moyen terme.

Installez-vous au calme et répondez à ces questions en étant honnête avec vous-même et en donnant les réponses les plus claires possibles.

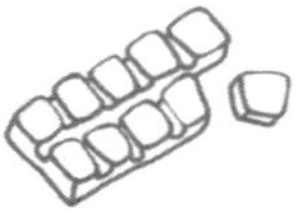

1. Que voulez-vous vraiment ?

----

2. En quoi est-ce important ?

----

3. Qu'est-ce qui vous permettrait d'atteindre cet objectif ?

----

4. Qu'est-ce qui vous en empêche ?

----

5. À quoi saurez-vous que vous avez atteint votre objectif ?

----

6. De quoi dépend l'atteinte de votre objectif ?

----

7. De qui dépend l'atteinte de votre objectif ?

----

8. Comment allez-vous vous y prendre (plusieurs options) ?

Commentaire

Une fois votre objectif clarifié, il vous restera à prendre la décision de mettre en œuvre ou non le plan d'action pour le réaliser.

Exercice n° 17 • Écrivez ce que vous voulez vraiment

Pour définir vos aspirations à long, moyen ou court terme, vous allez écrire un poème. Bien sûr, le respect des règles de versification n'est pas de rigueur ! Il s'agit simplement de donner une juste expression de vos sentiments, de vos sensations et de vos idées les plus personnelles.

Installez-vous au calme et écrivez spontanément un texte dont chaque phrase/vers commencera par « je veux... ».

- Ex. : *Je veux vivre chaque instant de ma vie avec intensité.*
- *Je veux vieillir entouré de ceux que j'aime.*
- Je veux ______________________________________
- Je veux ______________________________________
- Je veux ______________________________________

Commentaire

Le texte ainsi obtenu vous servira ensuite de guide lorsque vous aurez à faire des choix de vie.

Exercice n° 18 • Réfléchissez sur vos priorités

Vous avez identifié vos motivations et vos désirs personnels. Vous allez aussi apprendre à ne pas vous égarer dans des désirs qui ne sont pas les vôtres, ou que vous ne jugez pas prioritaires, et qui pourtant vous encombrent.

Prenez le temps de méditer sur l'histoire suivante, puis notez ce qui est vraiment important pour vous.

Un jour, un vieux lama de Dharamsala fut sollicité pour donner un enseignement sur la planification efficace de son temps à un groupe de dirigeants de grosses compagnies. Ce cours constituait l'un des cinq ateliers de leur journée de formation. Le vieil homme n'avait donc qu'une heure pour transmettre sa philosophie.

Debout devant ce groupe d'élite (qui était prêt à noter tout ce que le sage allait enseigner), le vieux lama les regarda un par un, lentement, puis leur dit : « Nous allons réaliser une expérience. » De sous la table qui le séparait des élèves, il sortit un immense pot Mason d'un gallon[1], qu'il posa délicatement en face de lui. Ensuite, il sortit une douzaine de cailloux gros comme des balles de tennis et les plaça tout aussi délicatement, un par un, dans le grand pot. Lorsque le pot fut rempli jusqu'au bord et qu'il fut impossible d'y ajouter un caillou de plus, il leva les yeux vers ses élèves et leur demanda : « Est-ce que ce pot est plein ? »

Tous répondirent : « Oui ! » Il attendit quelques secondes et ajouta : « Vraiment ? » Alors, il se pencha de nouveau et sortit de sous la table un récipient rempli de gravier. Avec minutie, il versa ce gravier sur les gros cailloux puis brassa légèrement le pot. Les morceaux de gravier s'infiltrèrent entre les cailloux... jusqu'au fond du pot. Le vieux lama leva à nouveau les yeux vers son auditoire et demanda : « Est-ce que ce pot est plein ? »

1. Bocal en verre de plus de 4 litres.

Cette fois, les brillants élèves commençaient à comprendre son manège. L'un d'eux répondit : « Probablement pas ! » « Bien ! » répondit le vieil homme. Il se pencha de nouveau et, cette fois, sortit de sous la table une chaudière de sable. Avec attention, il versa le sable dans le pot. Le sable alla remplir les espaces entre les gros cailloux et le gravier. Encore une fois, il demanda : « Est-ce que ce pot est plein ? »

Cette fois, sans hésiter et en chœur, le brillant auditoire répondit : « Non ! » « Bien ! » répondit le vieux lama. Et comme s'y attendaient ses prestigieux élèves, il prit le pichet d'eau qui était sur la table et remplit le pot jusqu'à ras bord. Il leva alors les yeux vers son groupe et demanda : « Quelle grande vérité nous démontre cette expérience ? »

Pas fou, le plus audacieux des businessmen, songeant au sujet du cours, répondit : « Cela démontre que, même lorsque l'on croit que notre agenda est complètement rempli, si on le veut vraiment, on peut y ajouter plus de rendez-vous, plus de choses à faire. » « Non, répondit le vieil homme. Ce n'est pas cela. La grande vérité que nous démontre cette expérience est la suivante : si on ne met pas les gros cailloux en premier dans le pot, on ne pourra jamais les faire entrer tous ensuite. » Il y eut un profond silence, chacun prenant conscience de l'évidence de ces propos.

1. À vous de répondre à la question du vieux sage. Quels sont les « gros cailloux » de votre vie ? Votre santé ? Votre famille ? Vos amis ? Réaliser vos rêves ? Apprendre ? Défendre une cause ? Prendre le temps ? Ou… tout autre chose ?

_ _

_ _

_ _

2. Quel est le « gravier » de votre vie ? Quels en sont les « grains de sable » ?

_ _

Commentaire

Ce qu'il faut retenir, pourrait conclure notre sage, c'est l'importance de mettre les gros cailloux de sa vie en premier, sinon on risque de ne pas réussir... sa vie. Si on donne priorité aux peccadilles (le gravier, le sable), on remplira sa vie de peccadilles et on n'aura plus suffisamment de temps précieux à consacrer aux éléments importants. Alors, n'oubliez pas de vous poser à vous-même la question : « Quels sont les gros cailloux dans ma vie ? », et mettez-les en premier dans votre « pot de Vie ». Voir plus clair dans vos priorités vous protégera du stress.

Exercice n°19 • Fixez vos trois objectifs pour demain

Beaucoup de personnes établissent des listes de tout ce qu'elles ont à faire, en barrant au fur et à mesure ce qui a été réalisé, mais en ajoutant aussi tous les jours des obligations nouvelles. Ces listes de « choses à faire », jamais épuisées, sont de terribles outils de stress, nous mettant en face de notre impossibilité à répondre à nos obligations.

Ainsi, pour ne pas se stresser, il ne faut pas se donner trop d'objectifs par jour.

Chaque soir, fixez-vous trois objectifs au maximum pour le lendemain.

Mes trois objectifs pour demain :

1. ____________________________________

2. ____________________________________

3. ____________________________________

Commentaire

En ne vous fixant que trois objectifs, vous vous libérerez de la pression des multiples obligations. Cela ne veut pas dire que vous ne ferez que trois choses dans votre journée, mais vous ne vous sentirez obligé que de réaliser ces trois objectifs. Le temps restant non employé à la réalisation de ces trois objectifs sera considéré comme du temps libre, que vous pourrez utiliser à ce que vous voulez, sans obligation aucune.

Exercice n° 20 • Formulez aisément un objectif

Un objectif, c'est un résultat auquel nous voulons arriver, un changement que nous voulons apporter à une situation. Nous l'exprimons sous forme d'un verbe d'action précédé de « je veux » ou sous forme d'un verbe d'action au futur antérieur, très puissant pour nous représenter l'action déjà réalisée : « Je veux terminer ce texte lundi soir » ou « Lundi soir, j'aurai terminé ce texte ».

Pour qu'un objectif ne reste pas un vœu pieux, comme « ranger la maison », il faut qu'il soit **SMART,** c'est-à-dire : **S**pécifique, **M**esurable, **A**ttractif, **R**éaliste et da**T**é.

Écrivez votre objectif pour le lendemain, la semaine, le mois, l'année, à votre choix, puis vérifiez que c'est bien un objectif SMART en suivant les consignes ci-dessous.

1. Votre objectif :

_ _

2. Est-il spécifique (c'est-à-dire présentant une seule action) ?

Oui ☐ Non ☐

Ex. : « *Je veux ranger la maison.* » Non, c'est trop vague. → « *Demain soir, j'aurai rangé dans la bibliothèque les livres qui s'empilent par terre dans ma chambre.* »

3. Est-il mesurable ?

Oui ☐ Non ☐

Ex. : « *Je veux ranger la maison.* » Non, c'est trop peu déterminé, à quoi verrai-je que la maison est rangée ? → « *Demain soir, j'aurai rangé dans la bibliothèque les livres qui s'empilent par terre dans ma chambre.* » Autrement dit, il n'y aura plus de livres par terre.

4. Est-il attractif ?

Oui ☐ Non ☐

Ex. : « *Je veux ranger la maison.* » C'est plutôt décourageant car trop vaste. → « *Demain soir, j'aurai rangé dans la bibliothèque les livres qui s'empilent par terre dans ma chambre.* » Ainsi, ma chambre sera plus agréable.

5. Est-il réaliste ?

Oui ☐ Non ☐

Ex. : « *Je veux ranger la maison.* » Non, ce n'est pas réalisable en un seul jour. → « *Demain soir, j'aurai rangé dans la bibliothèque les livres qui s'empilent par terre dans ma chambre.* » En deux heures, ce devrait être terminé.

6. Est-il daté ?

Oui ☐ Non ☐

Ex. : « *Je veux ranger la maison.* » Sans date, je peux toujours reporter. → « *Demain soir, j'aurai rangé dans la bibliothèque les livres qui s'empilent par terre dans ma chambre.* » Oui, j'ai une date butoir.

7. En fonction de ces remarques, réécrivez à présent votre objectif SMART :

\- -

\- -

Commentaire

Après quelques tâtonnements, il vous sera facile en appliquant le SMART de formaliser de véritables objectifs, et donc de les atteindre.

4

Se libérer de ses messages contraignants

La **quatrième clé** va nous permettre de diminuer les pressions d'urgence que nous nous infligeons à nous-mêmes, de faire disparaître nos stresseurs internes. Cette clé est aussi un outil de l'analyse transactionnelle, elle nous permet de repérer les **messages contraignants** ou injonctions parentales que nous ont inculqués dans notre petite enfance les figures parentales et tous ceux qui se sont occupés de notre éducation.

On répertorie cinq messages contraignants, chacun étant lié à une croyance qui a été ancrée en nous : « Dépêche-toi » ; « Sois fort » ; « Sois parfait » ; « Fais plaisir » ; « Fais effort ». Une série de tests vont vous donner des informations plus précises sur ces messages internes qui nous font agir dans le stress.

Exercice n° 21 • Libérez-vous de « Dépêche-toi » !

Quand le message « Dépêche-toi » est fortement ancré en nous, c'est parce qu'une figure parentale nous a fait croire : « Tu vas pouvoir tout faire dans le temps dont tu disposes. » Et nous pensons : « Je dois me dépêcher pour être quelqu'un de bien », tout en nous disant souvent : « Tu n'y arriveras pas, si tu ne te dépêches pas... » Nous portons aussi souvent ce jugement de valeur sur les autres : « Dépêche-toi, tu es trop lent. »

Répondez aux sept questions suivantes, faites le total des points obtenus et découvrez l'antidote au message contraignant « Dépêche-toi ».

1. Ressentez-vous de l'irritation lorsque les autres sont lents ?

1. rarement
2. quelquefois
3. d'ordinaire, oui
4. souvent
5. presque toujours

2. Arrivez-vous en retard même quand vous vous êtes arrangé pour arriver à l'heure ?

1. rarement
2. quelquefois
3. d'ordinaire, oui
4. souvent
5. presque toujours

3. Vous dites-vous qu'il faut vous dépêcher ?

1. rarement

2. parfois
3. d'ordinaire, oui
4. souvent
5. presque toujours

4. Quelle est votre réaction lorsque vous faites la queue ?

1. cela m'est indifférent
2. j'attends patiemment
3. je prends mon mal en patience
4. je n'aime pas ça
5. je déteste ça

5. Le silence vous met-il mal à l'aise ?

1. très peu
2. dans une mesure raisonnable
3. dans une certaine mesure
4. dans une mesure importante
5. dans une très large mesure

6. Pianotez-vous ou tapez-vous des pieds en signe d'impatience ?

1. rarement
2. parfois
3. d'ordinaire, oui
4. souvent
5. presque toujours

7. Remettez-vous à plus tard pour ensuite vous précipiter à la dernière minute ?

1. rarement
2. parfois
3. cela m'arrive
4. souvent
5. presque toujours

Analyse des réponses

1. Reportez en face de chaque numéro de question le chiffre correspondant à votre réponse.

2. Faites le total de la ligne.

Message contraignant	Question														Total
Dépêche-toi	1		2		3		4		5		6		7		

Si votre score est supérieur à 20, *le message contraignant « Dépêche-toi » a beaucoup d'impact sur votre vie et est un facteur de stress important pour vous.*

Voici la permission à vous donner en antidote au « Dépêche-toi » qui vous stresse, chaque fois qu'une pensée négative commence à vous occuper l'esprit : ***« Tu peux prendre le temps de faire ce que tu as décidé de faire, ce qui est important pour toi ; prends le temps de ne rien faire si tu veux ! »***

Exercice n° 22 • Libérez-vous de « Fais effort » !

Quand ce message est fortement ancré en nous, c'est parce qu'une figure parentale nous a fait croire que « quelqu'un qui fait des efforts et se fatigue gagne toujours ». Nous pensons : « Je dois continuer à faire des efforts si je veux être quelqu'un de bien », et nous nous disons souvent : « Tu peux mieux faire, tu dois poursuivre tes efforts encore et encore. » Nous portons aussi souvent ce jugement de valeur sur les autres : « Tu n'es pas assez persévérant et travailleur, continue ! »

Répondez aux sept questions suivantes, faites le total des points obtenus et découvrez l'antidote au message contraignant « Fais effort ».

1. Faites-vous des efforts pour atteindre vos objectifs ?

1. rarement
2. quelquefois
3. d'ordinaire, oui
4. souvent
5. presque toujours

2. Prenez-vous plaisir à réussir sans avoir à lutter ?

1. presque toujours
2. souvent
3. d'ordinaire, oui
4. de temps en temps
5. rarement

3. Êtes-vous un adepte de la maxime « essayez, essayez, essayez encore jusqu'à ce que vous réussissiez » ?

1. rarement
2. parfois
3. d'ordinaire, oui
4. dans la plupart des cas
5. presque toujours

4. Vous détendez-vous lorsque vous en avez l'occasion ?

1. presque toujours
2. la plupart du temps
3. de temps en temps
4. quelquefois
5. rarement

5. Utilisez-vous des expressions comme : « j'essaierai », « je n'y arrive pas », « c'est difficile », « c'est dur », etc. ?

1. rarement
2. dans quelques cas

3. cela m'arrive
4. dans la plupart des cas
5. presque toujours

6. Vous dites-vous ou dites-vous aux autres : « Au moins, j'ai essayé », ou quelque chose de semblable ?

1. rarement
2. dans quelques cas
3. cela m'arrive
4. dans la plupart des cas
5. presque toujours

7. Préférez-vous le combat à la victoire ?

1. rarement
2. parfois
3. d'ordinaire, oui
4. souvent
5. presque toujours

Analyse des réponses

1. Reportez en face de chaque numéro de question le chiffre correspondant à votre réponse.

2. Faites le total de la ligne.

Message contraignant	**Question**														**Total**
Fais effort	1		2		3		4		5		6		7		

Si votre score est supérieur à 20, *le message contraignant « Fais effort » a beaucoup d'impact sur votre vie et est un facteur de stress important pour vous.*

Voici la permission à vous donner en antidote au « Fais effort » qui vous stresse, chaque fois qu'une pensée négative commence à vous occuper l'esprit : ***« Tu peux réussir facilement, donne-toi des objectifs et atteins-les ! »***

Exercice n° 23 • Libérez-vous de « Fais plaisir » !

Quand ce message est fortement ancré en nous, c'est parce qu'une figure parentale nous a fait croire : « Tu vas pouvoir faire plaisir à tout le monde. » Nous pensons : « Pour être quelqu'un de bien, je dois te faire plaisir, même à mon détriment », et nous nous disons souvent : « Tu n'es pas assez bon et gentil avec les autres. » Nous portons aussi souvent ce jugement de valeur sur les autres : « Tu dois me faire plaisir, tu n'es pas assez gentil avec moi. »

Répondez aux sept questions suivantes, faites le total des points obtenus et découvrez l'antidote au message contraignant « Fais plaisir ».

1. Vous sentez-vous tenu d'aider les autres ?

1. rarement
2. quelquefois
3. d'ordinaire, oui
4. souvent
5. presque toujours

2. Offrez-vous votre aide même si on ne vous la demande pas ?

1. rarement
2. dans quelques cas
3. cela m'arrive
4. dans la plupart des cas
5. presque toujours

3. Utilisez-vous des expressions comme : « savez-vous », « pourriez-vous », « c'est gentil » ?

1. rarement
2. dans quelques cas
3. cela m'arrive
4. dans la plupart des cas
5. presque toujours

4. Attendez-vous que l'autre ait fini de parler pour prendre la parole ?

1. rarement
2. parfois
3. d'ordinaire, oui
4. souvent
5. presque toujours

5. Vérifiez-vous si les autres sont satisfaits de vous et de vos actes ?

1. rarement
2. dans quelques cas
3. cela m'arrive
4. dans la plupart des cas
5. presque toujours

6. Pensez-vous que vous êtes responsable du bonheur des autres ?

1. rarement
2. parfois
3. d'ordinaire, oui
4. souvent
5. presque toujours

7. Pour faire plaisir, dites-vous « oui » lorsque vous pensez « non » ?

1. presque jamais
2. rarement

3. cela m'arrive
4. souvent
5. très souvent

Analyse des réponses

1. Reportez en face de chaque numéro de question le chiffre correspondant à votre réponse.

2. Faites le total de la ligne.

Message contraignant	Question														Total
Fais plaisir	1		2		3		4		5		6		7		

***Si votre score est supérieur à 20,** le message contraignant « Fais plaisir » a beaucoup d'impact sur votre vie et est un facteur de stress important pour vous.*

*Voici la permission à vous donner en antidote au « Fais plaisir » qui vous stresse, chaque fois qu'une pensée négative commence à vous occuper l'esprit : **« Tu peux t'occuper de toi, fais-toi plaisir, à toi d'abord ! »***

Exercice n° 24 • Libérez-vous de « Sois fort » !

Quand ce message est fortement ancré en nous, c'est parce qu'une figure parentale nous a fait croire : « Tu vas pouvoir toujours prouver que tu es le plus fort. » Nous pensons : « Je dois me montrer fort et "dur" pour être quelqu'un de bien », et nous nous disons souvent : « Cache-leur tes faiblesses et tes manques ! » Nous portons aussi souvent ce jugement de valeur sur les autres : « Tu dois te maîtriser et te contrôler, tu es trop émotif. »

Répondez aux sept questions suivantes, faites le total des points obtenus et découvrez l'antidote au message contraignant « Sois fort ».

1. À votre avis, pleurer est-il une faiblesse ?

1. non, je suis convaincu du contraire
2. non, je ne crois pas
3. sans opinion
4. oui, je crois
5. oui, j'en suis fermement convaincu

2. Vous dites-vous : « Je ne dois pas ennuyer les autres avec mes états d'âme » ?

1. rarement
2. quelquefois
3. d'ordinaire, oui
4. souvent
5. presque toujours

3. Dites-vous aux autres quelque chose comme « se lamenter ne sert à rien » ?

1. rarement
2. dans quelques cas
3. cela m'arrive
4. dans la plupart des cas
5. presque toujours

4. Vos faiblesses vous mettent-elles mal à l'aise ?

1. très peu
2. dans une mesure raisonnable
3. dans une certaine mesure
4. dans une mesure importante
5. dans une très large mesure

5. Maîtrisez-vous vos émotions ?

1. rarement
2. dans quelques cas
3. cela m'arrive
4. dans la plupart des cas
5. presque toujours

6. Réagissez-vous à des problèmes en disant par exemple : « Pas de commentaires », « Je m'en fous », « Cela n'a pas d'importance » ?

1. rarement
2. parfois
3. d'ordinaire, oui
4. souvent
5. presque toujours

7. Pensez-vous qu'il vaille mieux se débrouiller seul ?

1. rarement
2. parfois
3. d'ordinaire, oui
4. souvent
5. presque toujours

Analyse des réponses

1. Reportez en face de chaque numéro de question le chiffre correspondant à votre réponse.

2. Faites le total de la ligne.

Message contraignant	Question														Total
Sois fort	1		2		3		4		5		6		7		

Si votre score est supérieur à 20, *le message contraignant « Sois fort » a beaucoup d'impact sur votre vie et est un facteur de stress important pour vous.*

Voici la permission à vous donner en antidote au « Sois fort » qui vous stresse, chaque fois qu'une pensée négative commence à vous occuper l'esprit : ***« Tu peux montrer tes faiblesses, tes émotions, tes sentiments, montre-toi vrai ! »***

Exercice n° 25 • Libérez-vous de « Sois parfait » !

Quand ce message est fortement ancré en nous, c'est parce qu'une figure parentale nous a fait croire : « Tu vas pouvoir être parfait à 100 %. » Nous pensons : « Je dois être parfait pour être quelqu'un de bien », et nous nous disons souvent : « Tu dois encore faire mieux pour être parfait. » Nous portons aussi souvent ce jugement de valeur sur les autres : « Tu dois être parfait et impeccable, tu te laisses trop aller. »

Répondez aux sept questions suivantes, faites le total des points obtenus et découvrez l'antidote au message contraignant « Sois parfait ».

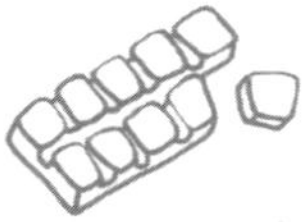

1. Pour prendre une décision, quelle quantité d'information aimez-vous avoir ?

1. une petite quantité
2. une quantité modérée
3. une quantité suffisante
4. la plus grande partie
5. la totalité

2. Vous reprochez-vous vos erreurs ?

1. rarement
2. quelquefois
3. d'ordinaire, oui

4. souvent
5. presque toujours

3. Estimez-vous adéquat ce que vous accomplissez ?

1. presque toujours
2. souvent
3. d'ordinaire, oui
4. de temps en temps
5. rarement

4. Vérifiez-vous plusieurs fois votre travail de crainte d'une erreur ?

1. rarement
2. parfois
3. d'ordinaire, oui
4. souvent
5. presque toujours

5. Tendez-vous à la perfection ?

1. rarement
2. parfois
3. d'ordinaire, oui
4. souvent
5. presque toujours

6. Vous sentez-vous tenu à la précision dans vos communications ?

1. rarement
2. parfois
3. d'ordinaire, oui
4. souvent
5. presque toujours

7. Dites-vous, par exemple : « C'est logique », « Cela n'est pas tout à fait exact », « Plus précisément... » ?

1. presque jamais
2. rarement
3. cela m'arrive
4. souvent
5. très souvent

Analyse des réponses

1. Reportez en face de chaque numéro de question le chiffre correspondant à votre réponse.

2. Faites le total de la ligne.

Message contraignant	Question														Total
Sois parfait	1		2		3		4		5		6		7		

***Si votre score est supérieur à 20,** le message contraignant « Sois parfait » a beaucoup d'impact sur votre vie et est un facteur de stress important pour vous.*

*Voici la permission à vous donner en antidote au « Sois parfait » qui vous stresse, chaque fois qu'une pensée négative commence à vous occuper l'esprit : **« Tu peux te tromper, faire des erreurs, enrichis ton expérience ! »** Une meilleure connaissance de ses messages contraignants, quels qu'ils soient, permet de réguler le stress qu'ils induisent en se remémorant chaque fois les phrases antidotes.*

5

Se relaxer physiquement

La **cinquième clé** est celle du **corps** qui va nous permettre de construire et d'entretenir nos **réserves physiques** pour mieux gérer les premiers signaux physiologiques de stress. Nous allons apprendre à garder notre corps en ouverture, détendu, confiant, capable d'utiliser tous ses sens avec énergie et plaisir.

Les **techniques de relaxation dynamique** (présentées ici par ordre de difficulté) peuvent nous aider à ressourcer notre corps en peu de temps et de façon discrète, même en public.

Exercice n° 26 • Détendez-vous en quelques secondes

Vous savez ce qu'il faut faire pour garder un corps en bonne santé, vous le voyez rappelé partout : faire de l'exercice ; avoir une alimentation équilibrée ; éviter tabac, café et autres stimulants ; dormir ; avoir des loisirs, etc. Cependant, nous n'arrivons pas toujours à suivre ces conseils totalement... Savez-vous qu'il y a aussi des façons très simples de se détendre en quelques instants ? Nous vous proposons d'en essayer deux.

Vous vous sentez tendu ? Arrêtez-vous une seconde dans votre activité et forcez-vous à bâiller. Vous vous sentez plutôt « à plat » ? Forcez-vous à rire !

1. Bâillez.

Quelquefois il n'est pas besoin de se forcer, il suffit juste d'y penser, et on est pris par une irrésistible envie de bâiller. Bâillez de plus en plus largement, encore et encore.

Très rapidement vous allez sentir toutes vos tensions tomber...

2. Riez.

Au début votre rire ressemblera peut-être plutôt à un rictus, mais très vite il deviendra un véritable rire qui vous « regonflera ».

Commentaire

Et, comme bâillement et rire sont contagieux, vous allez contribuer à la détente des personnes qui vous entourent !

Exercice n° 27 • Énergisez-vous

Cet exercice est particulièrement indiqué quand votre corps vous envoie des signaux physiologiques de fatigue liés à un stress négatif.

Réalisez cet exercice debout, assis ou couché.

Frappez votre corps de bas en haut avec vos poings fermés. Gardez le poignet souple. Commencez par le côté gauche, puis passez au droit.

Commentaire

Vous avez chassé la fatigue et vous voilà prêt à l'action !

Exercice n° 28 • Voyagez au pays du sourire

Voici une technique d'évacuation du stress des plus simples à réaliser, qui fera, comme l'exercice **n° 26**, travailler vos muscles zygomatiques.

Placez-vous devant un miroir, debout ou assis, ou regardez-vous dans votre petit miroir de poche. Et... souriez !

1. Efforcez-vous de garder le sourire pendant au moins 90 secondes d'affilée. Observez pendant ce temps les modifications sur votre visage, des pommettes à la commissure des lèvres. Votre sourire s'apparente d'abord à une grimace, à un rictus ? Décontractez-vous, ne forcez pas.

2. Est-ce que vos yeux sourient ?

Commentaire

> *Le cerveau n'accorde que très peu d'importance au fait que vous vous sentiez bien à ce moment précis, car il ne fait pas grande différence entre la réalité et le simulacre de la réalité. Il commandera ainsi la production de « l'hormone du bonheur », l'endorphine dans ce cas, qui vous plongera dans un sentiment de bien-être.*

Exercice n°29 • Transformez-vous en Quasimodo

Vous allez à présent « visiter » le corps du bossu de Notre-Dame de Paris ! Cette exploration s'accompagnera d'une prise de conscience nouvelle de votre corps et d'un relâchement de tous vos muscles.

Cet exercice se fait plutôt debout, mais vous pouvez aussi le pratiquer assis devant votre ordinateur.

1. Jambes légèrement écartées, détendu et souple, inspirez et soulevez vos épaules le plus haut possible jusqu'aux oreilles. Gardez la pose sept secondes.

2. Ensuite, sur l'expiration, laissez redescendre les épaules.

3. Puis détendez l'ensemble du corps.

4. Refaites le mouvement au moins cinq fois.

Commentaire

Pendant la journée, posez-vous plus souvent les questions suivantes : pourquoi ai-je toujours les épaules crispées vers le haut ? Dans quelles situations est-ce que je rentre la tête dans les épaules ? De quoi ou de qui est-ce que je cherche à me protéger ?

Exercice n° 30 • Jouez au chat

Poursuivons. Avez-vous déjà observé un chat ? Quand il s'étire, fait sa toilette, quand il feule, joue avec une bobine de fil ou part à la chasse ?

Mettez-vous à quatre pattes, appuyé sur vos genoux et vos mains.

1. Tout d'abord faites le « gros dos » comme un chat en colère : poussez sur vos bras tendus ; arrondissez le dos ; froncez les sourcils ; si vous voulez, vous pouvez même « cracher ».

2. Puis transformez-vous en chat en train de guetter sa proie : pliez les bras ; posez vos coudes sur le sol ; levez les fesses ; étirez votre dos. Si vous voulez, vous pouvez même frétiller de l'arrière-train, comme le chat qui prend son élan pour bondir !

Commentaire

Alternez les deux mouvements une dizaine de fois, votre colonne vertébrale sera assouplie, votre dos détendu.

Exercice n° 31 • Secouez vos soucis par la fenêtre

Vous êtes-vous déjà imaginé que vous pourriez vous délester de vos soucis comme un arbre perd ses feuilles en automne ou comme un animal en mue se dépouille de son pelage ?

Mettez-vous debout et suivez les instructions ci-dessous.

1. Jambes légèrement écartées, secouez vos bras et vos jambes, comme si vous vouliez vous en débarrasser.

2. Respirez amplement, si possible avec le ventre.

3. Expirez fortement et en faisant du bruit.

Commentaire

Vous serez surpris de constater que tous soucis, idées noires, pensées négatives, colères tombent au fur et à mesure que vous vous secouez.

Exercice n° 32 • Transformez-vous en personnage latex

Vous souvenez-vous du Gaston Latex, cette invention en latex de Gaston Lagaffe, réplique de lui-même grandeur nature ?

Mettez-vous debout. Imaginez que votre corps est complètement mou, sans « tenue » ni équilibre.

1. Ressentez ces sensations dans tout votre corps, laissez-vous aller, vous perdez l'équilibre.

2. À présent, imaginez que ce corps « tout mou » peut se tordre dans tous les sens : chaque membre, le tronc, la tête...

3. Et maintenant déplacez-vous dans la pièce avec ce corps indirigeable, faites des mouvements totalement décoordonnés, toujours au bord du déséquilibre et de la chute.

Commentaire

À présent, vous êtes aussi détendu que Gaston !

Exercice n° 33 • Détendez-vous progressivement

Vous avez appris à vous détendre en quelques secondes (cf. exercice **n° 26**). L'exercice suivant est plus graduel et progressif. Attendez de disposer d'un moment où vous ne risquez pas d'être interrompu pour vous laisser aller.

Cet exercice consiste à bander un à un ses muscles puis à les décontracter brutalement. Installez-vous confortablement, debout, assis ou couché.

1. Commencez par serrer le poing droit très fort... une chaleur envahit vos doigts, le dos de votre main, votre poignet, peut-être tout votre bras. Puis, desserrez votre poing d'un seul coup : des picotements se font sentir en même temps que la tension disparaît. Gardez votre main décontractée.

2. Maintenant, serrez le poing gauche ; de la même façon que lors de la contraction du poing droit, ressentez la chaleur envahir vos doigts, le dos de votre main, votre poignet, peut-être tout votre bras. Puis, desserrez votre poing d'un seul coup : des picotements se font sentir en même temps que la tension disparaît. Gardez votre main décontractée.

3. Continuez l'exercice en contractant puis relâchant de la même manière tous les muscles de votre corps : bras, front, yeux, bouche, mâchoire, lèvres, cou, épaules, poitrine, estomac, mollets...

Commentaire

Cet exercice demande du temps mais vous permet d'atteindre la conscience de tout votre corps et une complète détente.

Exercice n° 34 • Dessinez l'infini

La notion d'infini est difficile à appréhender. Elle est symbolisée par une double boucle sans début ni fin, une sorte de « huit couché ». Cet exercice de visualisation requiert une grande concentration.

Asseyez-vous. Le dos droit, détendez-vous sans vous affaisser. Imaginez, en suivant les étapes ci-dessous, un « huit couché » avec le bout de votre nez.

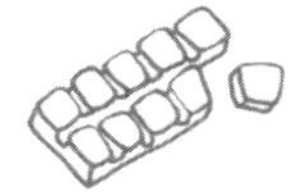

1. Respirez normalement en silence et sans effort.

2. Concentrez-vous sur l'allée et venue de l'air lors de la respiration. Laissez le rythme respiratoire circuler de lui-même comme un fleuve qui suit tranquillement son cours.

3. Ensuite, très progressivement, grâce à la puissance de votre esprit et de votre imaginaire, sentez le pinceau léger comme une plume qui pousse au bout de votre nez.

4. En faisant de très légers mouvements de tête, de petites oscillations, lentement ou un peu plus vivement, décrivez un « huit couché », l'infini, sur la toile blanche imaginaire qui est devant vous, dans un sens puis dans l'autre.

5. Avec un sourire, dématérialisez le pinceau dont vous vous serviez et respirez un peu plus profondément.

6. Étirez-vous dans tous les sens comme un petit chat après une longue sieste ou, selon votre humeur, secouez-vous avec dynamisme comme un gros matou bien souple.

Commentaire

Le stress est parti au loin. Notons que certaines techniques de massage utilisent ce mouvement en forme de huit couché, symbole de perpétuel recommencement et de stabilité.

Exercice n° 35 • Soyez l'énergie

Le bien-être naît d'une bonne circulation de l'énergie en nous. Par cet exercice, vous allez stimuler le champ énergétique de votre corps.

Cet exercice se pratique de préférence debout, mais peut aussi, à la rigueur, se faire assis ou couché.

1. Expirez profondément.

2. Sur l'inspiration, bandez au maximum les muscles des pieds, jambes, cuisses, fesses, ventre, buste et dos, bras, avant-bras et mains.

3. Contractez l'ensemble de la musculature et gardez la pose environ sept secondes...

4. Sur l'expiration, très lentement, détendez les muscles les uns après les autres.

5. Recommencez plusieurs fois.

Commentaire

Si vous faites cet exercice à deux (un acteur et un observateur), l'observateur, se plaçant à environ un mètre derrière le dos de l'acteur, pourra ressentir l'énergie qui s'en dégage.

Exercice n° 36 • Transformez-vous en pantin

Plus difficile, en vous transformant en pantin désarticulé, vous devrez être capable de chuter et, par là, d'apprendre à lâcher prise…

Vous allez fabriquer un pantin en bloquant progressivement toutes vos articulations, puis le casser brutalement. Cet exercice se pratique debout, dans un lieu dégagé, avec un sol de préférence pas trop dur. Si vous n'êtes pas très souple, ne le faites pas jusqu'au bout.

1. Accroupissez-vous, pieds écartés, tout le corps détendu, les bras, le buste et la tête pendant mollement entre vos jambes, les talons soulevés. Le poids de votre corps repose sur vos orteils. Respirez doucement, de préférence avec le ventre.

2. Posez les talons et bloquez les chevilles, tout le reste du corps toujours détendu, respirez doucement.

3. Bloquez vos genoux, tout le reste du corps toujours détendu, respirez doucement.

4. Bloquez vos hanches, tout le haut du corps toujours détendu, respirez doucement.

5. Redressez votre dos vertèbre par vertèbre, les épaules, les bras et la tête toujours détendus, respirez doucement.

6. Tendez vos bras, les avant-bras et la tête toujours détendus, respirez doucement.

7. Tendez vos avant-bras, les mains et la tête toujours détendus, respirez doucement.

8. Tendez vos mains, la tête toujours détendue, respirez doucement.

9. Redressez le cou, la tête toujours détendue, respirez doucement.

10. Dressez la tête, respirez doucement.

11. Dressez-vous sur la pointe des pieds et ressentez votre tension extrême, votre force.

Reposez les talons.

Cassez les poignets.

Cassez les coudes.

Lâchez les épaules.

Lâchez la tête.

Cassez le cou et faites retomber le menton sur la poitrine.

Relâchez tout le dos, d'un coup.

Relâchez les genoux et roulez par terre en boule.

Respirez doucement.

12. Relevez-vous lentement.

Commentaire

Cet exercice de relaxation musculaire vous permet d'atteindre la conscience de tout votre corps et une complète détente.

Exercice n° 37 • Enfoncez-vous dans le sable chaud

S'enfoncer dans le sable chaud mentalement est une pratique proche de l'autohypnose, par laquelle on accède à un état mental de moindre vigilance et de relaxation en acceptant de ne plus diriger volontairement le cours de ses pensées. Les idées inutiles ou importunes des phases de pensée volontaire seront écartées.

Cet exercice se pratique couché. Imaginez que votre corps est en plomb et s'enfonce doucement dans du sable chaud… et suivez les séquences ci-dessous.

1. Étendez-vous, dos à plat sur le sol.

2. Étalez votre corps largement.

3. Respirez doucement, avec le ventre.

4. Fermez les yeux.

5. Imaginez à présent que votre corps est en plomb et s'enfonce doucement dans du sable chaud.

6. Votre corps est lourd, lourd, lourd… Enfoncez-vous dans ce sable chaud qui vous accueille et vous entoure agréablement, en épousant étroitement la forme de votre corps.

7. Respirez doucement, à fond.

8. Sentez partout autour de vous comme le sable vous soutient et vous berce.

9. Respirez doucement, à fond, avec le ventre... Doucement, le sable vous berce dans sa douce chaleur, vous vous confiez à lui...

10. Et maintenant, ouvrez les yeux pour revenir ici et maintenant, doucement.

11. Roulez sur le côté et asseyez-vous.

12. Relevez-vous doucement.

Commentaire

Vous vous sentez merveilleusement détendu. Vous pouvez aussi utiliser avantageusement cet exercice en lieu et place de somnifères !

Exercice n° 38 • Aiguisez vos sens

C'est un exercice qu'on peut réaliser partout, même dans le métro parisien, mais qui est plus agréable à pratiquer dehors, dans la nature, ou du moins avec un paysage naturel ou urbain à portée d'œil.

Mettez-vous debout, assis ou couché.

1. Je me pose à l'aise sur mes racines (mon centre de gravité).

2. Je respire calmement, doucement, avec le ventre.

3. J'aiguise mes sens, un à un.

- Je regarde :

  – un petit carré que je découpe tout près de moi, sur le sol, sur une table, sur mes vêtements... Je le regarde intensément dans le moindre détail comme si je devais le décrire très précisément ensuite : formes, couleurs, matières... ;

  – puis le plus loin possible vers l'horizon. Je regarde intensément les formes, les couleurs, les mouvements ; j'imagine ce que je peux voir de l'autre côté de la ligne d'horizon.

- J'écoute :

  – tous les sons et bruits à l'intérieur de la pièce, du lieu dans lequel je me trouve, et je repère leurs sources ;

  – puis tous les sons et bruits qui m'arrivent de l'extérieur, du lointain, et j'imagine leur origine.

- Je sens (odorat) toutes les odeurs (si vous pratiquez l'exercice en extérieur).

- Je sens (toucher) :

  – le sol sous mes pieds, le siège sous mes fesses, contre mon dos, mes vêtements sur ma peau (consistance, matière...) ;

  – l'air sur mon visage ou dans mes cheveux, le soleil, la chaleur ou le froid.

- Je ressens à l'intérieur de mon corps les mouvements de mes viscères, les battements de mon sang, les crispations de mes muscles, mes poumons qui se soulèvent, mon ventre qui gargouille...

4. Et je reviens doucement, ici et maintenant.

Commentaire

Cet exercice réalisé, vous vous sentez sûrement relaxé, détendu, reposé, apaisé… en quelques minutes. Il est à consommer sans modération, principalement après un épisode stressant ou avant une situation pressentie comme stressante.

6

Se préparer aux situations difficiles

La **sixième clé** est celle de l'imagination anticipatrice.

Une bonne méthode pour réduire l'intensité de ses réactions émotionnelles au stress, c'est de se préparer par l'imagination aux frustrations, erreurs et peines que l'on risque d'avoir à vivre ou que l'on redoute d'avoir à vivre.

Exercice n° 39 • Jouez votre scénario catastrophe dans votre cinéma intérieur

Vous allez, dans un premier temps, lister toutes les situations que vous jugez être les plus stressantes pour vous, que vous en ayez déjà eu l'expérience ou non. Après les avoir hiérarchisées de la plus stressante à la moins stressante, vous pourrez concevoir la situation que vous voulez « apprivoiser », même si elle ressemble à un « scénario catastrophe » – qui doit cependant rester plausible.

Imaginez une situation stressante, vivez-la en imagination, dans votre cinéma intérieur, en vous laissant aller à toutes les sensations, émotions, sentiments que vous y éprouvez. Imaginez des scénarios variés pour résoudre cette situation.

1. Choisissez un moment et un lieu adéquats pour vous concentrer sur cette situation sans être dérangé (5 à 10 minutes suffisent).

2. Imaginez la situation, comme si vous vous projetiez un film dont vous seriez le héros dans votre tête.

3. Jouez-vous plusieurs variantes, y compris un « scénario catastrophe », si vous le désirez.

4. Imaginez comment vous allez réagir, en essayant plusieurs solutions.

5. Laissez-vous aller à éprouver toutes les sensations, toutes les émotions, tous les sentiments provoqués par cette situation.

6. Revenez à la réalité présente.

Commentaire

Vous pouvez refaire cet exercice plusieurs fois en lien avec la même situation stressante, jusqu'à ce qu'elle vous soit devenue familière, que vous l'ayez « apprivoisée » et que vous soyez plus libre d'y évoluer.

Exercice n° 40 • Mettez-vous dans la peau de votre héros

C'est une variante plus « soft » de l'exercice précédent : vous allez de nouveau vous exposer à votre situation stressante en imagination.

Imaginez votre héros préféré dans la situation qui vous stresse.

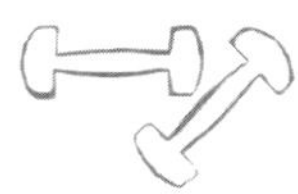

1. Choisissez un moment et un lieu adéquats pour vous concentrer sans être dérangé (5 à 10 minutes suffisent).

2. Imaginez une situation qui vous stresse, comme si vous vous projetiez dans votre tête un film dont vous seriez le héros.

3. Mettez à votre place dans la situation votre héros préféré, qu'il soit actuel, historique ou virtuel.

4. Regardez-le agir dans la situation. Comme c'est votre héros, il va trouver une solution.

5. À présent, prenez sa place et regardez-vous agir comme il l'a fait.

6. Résolvez la situation.

7. Revenez à la réalité présente.

Commentaire

Vous pouvez rejouer la séquence plusieurs fois jusqu'à ce que vous vous sentiez prêt à affronter facilement la situation dans la réalité, sans crainte de l'échec.

Exercice n° 41 • Utilisez la technique de l'édredon

C'est une technique à utiliser quand quelqu'un vous agresse verbalement, en vous critiquant, ou en portant un jugement de valeur qui vous choque, sur une situation, une personne ou vous-même.

Apprenez à ne pas contester les critiques émises, les jugements de valeur.

1. Imaginez-vous dans la situation suivante (ou dans tout autre situation qui vous met en présence d'un interlocuteur agressif à l'égard de vous-même) :

> Vous êtes de retour au bureau, fatigué, après un congé maladie, suite à un virus qui vous a littéralement cloué au lit. Votre collègue vous accueille, peu amène : « Ça prend du bon temps chez soi pendant que les autres triment doublement ! Tu es parti sans même boucler le dossier X... que j'ai dû reprendre à ta place pendant ton absence. »

2. Plutôt que de vous représenter comment vous auriez ordinairement réagi, imaginez que vous restez calme.

3. Imaginez que vous répondez calmement en commençant par des mots « édredons » du style :

- « C'est possible... » ;
- « C'est ton point de vue... » ;
- « Tu es libre de le penser... » ;
- « C'est ton impression... » ;
- « C'est ton avis sur la question... »

4. Vous pouvez en rester là avec lui ou donner votre avis en vous appuyant sur des faits et des données objectives.

Commentaire

> *Par ces mots, vous montrez que vous avez entendu le point de vue de votre interlocuteur et vous ne lui renvoyez pas d'agressivité en retour. Son agressivité a été absorbée par l'édredon que vous lui présentiez en bouclier mou.*

Exercice n° 42 • Utilisez la technique du disque rayé

C'est une technique à utiliser pour donner une réponse négative, en boucle, comme un disque rayé, à quelqu'un qui fait du « forcing » ou pour exprimer votre point de vue face à un interlocuteur agressif.

Apprenez à affirmer calmement votre point de vue en exprimant une ferme détermination.

1. Imaginez-vous dans la situation suivante (ou dans tout autre situation qui vous met en présence d'un interlocuteur dont l'insistance et l'obstination sont agressives) :

> Vous êtes allé au restaurant avec un ami, qui vous propose maintenant de prolonger la soirée. Mais vous êtes fatigué et n'avez qu'une hâte : rentrer chez vous.

2. Imaginez que, après avoir exprimé votre avis ou donné une réponse (ici, vous déclinez poliment la proposition de votre ami), votre interlocuteur insiste...

3. Plutôt que de vous représenter comment vous auriez ordinairement réagi, imaginez que vous réitérez votre réponse tout aussi calmement et fermement, et avec les mêmes termes, par exemple : « Non, ce n'est pas possible » ; « Pour ma part... » ; « Mon avis est que... » ; « Je te le répète... » ; « Eh bien moi, je pense différemment : je suis convaincu que... » ; « J'ai décidé de... ».

Commentaire

*Dans la réalité, vous aurez peut-être besoin de reprendre plusieurs fois votre réponse, toujours dans les mêmes termes, sur un ton très calme. Cette façon de s'exprimer fermement sans agressivité ni soumission est appelée « assertivité »[2]. Elle correspond à la position de vie +/+ (cf. exercice **n° 9** a et b).*

Exercice n° 43 • Mettez des frontières

Il s'agit d'une technique de repli qui permet de ne pas ressentir l'agressivité. Elle consiste à ne plus se focaliser visuellement sur l'image de l'autre ni auditivement sur sa voix, et à prendre des éléments périphériques du champ visuel et des bruits et sons environnants.

Au lieu de vous focaliser sur votre interlocuteur, concentrez-vous sur l'environnement.

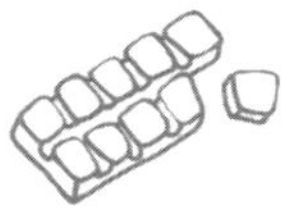

1. Imaginez-vous dans la situation suivante (ou dans tout autre situation qui vous met en présence d'un interlocuteur agressif) :

Vous êtes dans le métro. En route pour l'aéroport, vous portez quelques bagages volumineux. Un passager vous interpelle : « Y en a qui choisissent exprès de prendre le métro quand il est bondé ! Vous n'auriez pas pu appeler un taxi plutôt que d'encombrer les wagons comme ça ?! »

2. Voir à ce sujet *50 exercices pour savoir dire non* de France Brécard, dans la même collection.

2. Plutôt que de vous représenter comment vous auriez ordinairement réagi, imaginez que vous arrêtez de vous focaliser visuellement sur l'image de l'autre...

... puis que vous arrêtez de vous focaliser auditivement sur sa voix.

3. Imaginez alors que vous vous intéressez aux éléments périphériques de votre champ visuel et aux bruits et sons environnants.

Commentaire

Cette technique permet ainsi de créer une sorte d'écran entre soi et la situation stressante et donc de limiter l'impact de ce qui habituellement vous déstabilise.

Exercice n° 44 • Apprenez à vous distancier

Nous pouvons non seulement détourner notre attention de l'interlocuteur pour la focaliser sur l'environnement, mais aussi, plus radicalement, nous imaginer dans une position d'observateur. Notre fonctionnement mental nous permet en effet, dans les situations stressantes, de changer de position de perception.

Reprenez la situation stressante que vous avez imaginée précédemment... et sortez-en.

1. Quittez la position d'acteur pour celle de spectateur : imaginez que vous observez la situation à une distance de quelques mètres, voire davantage.

2. À présent, faites varier mentalement la taille de l'image ainsi que son volume sonore.

Commentaire

Cette technique, comme la précédente, permet de créer un écran et d'être plus distant vis-à-vis de la situation stressante : paroles agressives, émotion négative...

7

Se dynamiser mentalement

La **septième clé** est la clé utilisée, par exemple, par les sportifs de haut niveau pour entretenir leurs réserves émotionnelles et mobiliser toute leur énergie en un instant, dépasser le stress négatif et le convertir en combativité. C'est la clé de la visualisation positive, qui consiste à s'imaginer réussir.

Exercice n° 45 • Choisissez et polissez votre moment ressource

La première technique de visualisation positive à utiliser est celle qui va vous permettre de vous ressourcer en quelques secondes grâce à **l'ancrage sensoriel d'un moment heureux du passé**, qui deviendra votre moment ressource.

De même que, dans les exercices de relaxation dynamique de la cinquième partie, vous avez exploré le moment présent avec tous vos sens, vous allez explorer un moment privilégié du passé avec tous vos sens.

Transportez-vous dans un moment heureux du passé et explorez-le avec tous vos sens.

1. Je m'installe confortablement, bien posé, à l'aise sur mes racines. Je ferme les yeux. Je pars chercher dans ma mémoire. Je retrouve le souvenir d'un moment où je me suis senti vraiment « bien ».

2. Je pars explorer ce moment avec tous mes sens, comme si je devais ensuite le raconter pour le faire partager.

Qu'est-ce que je vois ? Je regarde attentivement les personnes, les objets, les formes, les couleurs, les mouvements...

Qu'est-ce que j'entends ? J'écoute attentivement les mots, les sons, les bruits...

Qu'est-ce que je sens ? Je respire à fond les parfums, les senteurs, les odeurs...

Qu'est-ce que je sens sur ma peau ? Ai-je froid ? chaud ? Fait-il sec ? humide ? Y a-t-il du vent ? Comment est le sol sous mes pieds ? Sur quoi suis-je posé ? Est-ce mou ? dur ? lisse ?

Qu'est-ce que je ressens dans mon corps ? Quelles émotions m'habitent ? Quelles idées me traversent l'esprit ?

J'explore tous les coins et recoins de ce moment de bonheur calme, je m'y abandonne.

Et puis je reviens doucement ici et maintenant, j'ouvre les yeux.

Comment est-ce que je me sens ?

Commentaire

Il ne s'agit pas de se replonger dans un grand moment de bonheur violent, comme un coup de foudre ou une naissance, mais seulement de retrouver un moment de bien-être paisible. Pour certains, ce sera un lever de soleil en haut d'une montagne, pour d'autres, un coucher de soleil sur la mer, pour d'autres encore, un moment de farniente au soleil, une flânerie dans une ville étrangère, une sieste dans une clairière au bord d'un ruisseau, la fascination d'un feu de bois dans une grande cheminée, le petit bruit de la pluie sur les vitres quand on est bien au chaud sous la couette, un pot avec des copains à la terrasse d'un café, un bain prolongé dans la tiédeur rassurante d'une salle de bains, le repos après l'amour…

Exercice n° 46 • Ancrez votre moment ressource

Maintenant que vous avez choisi votre moment ressource puisé dans votre passé et que vous l'avez exploré avec tous vos sens (cf. exercice **n° 45**), vous allez « ancrer » ce moment privilégié en vous. Vous pourrez utiliser ce souvenir positif comme ressource énergétique dans un moment de stress et enrayer les sensations négatives qui vous assaillent brutalement.

Liez le souvenir sensoriel positif choisi à un geste banal et provoquez ainsi un « réflexe de Pavlov » instantané.

1. Je choisis un geste simple, qui puisse paraître machinal – mais qui n'est pas un de mes gestes habituels –, que je puisse faire partout, même en public. Certains choisissent, par exemple, de se remettre une mèche de cheveux en place, de tourner une bague, de se toucher l'oreille, de se serrer un doigt dans l'autre main, de se caresser le cou, de se serrer le poignet…

Je fais ce geste plusieurs fois pour m'y habituer.

2. Je me replonge dans l'exploration sensorielle détaillée de mon moment ressource, et pendant que je m'y promène, je fais plusieurs fois le geste que j'ai choisi.

3. Je fais le geste et j'appelle mon moment ressource.

Commentaire

Au bout de quelques essais (à réaliser sur plusieurs jours), dès que vous ferez le geste, le moment ressource arrivera immédiatement à votre secours en cas de besoin.

Exercice n°47 • Jouez à l'archer zen

Dans les textes anciens, il est rapporté que l'archer zen voit sa flèche au centre de la cible juste avant de tirer et de toucher le mille. Sa technique relève d'une visualisation positive du futur.

Imaginez que vous êtes un archer zen contemporain.

1. Mettez-vous debout, pieds légèrement écartés, tendez les deux bras à l'horizontale devant vous.

2. Faites une rotation du buste de 180° vers l'arrière, le plus loin possible, vos bras suivent.

3. Repérez sur le mur ou un objet derrière vous votre point d'arrêt (dans le prolongement de vos bras).

4. Repérez du regard un point plus éloigné.

5. Revenez dans la position initiale.

6. Fermez les yeux et imaginez mentalement que vous atteignez le nouveau point que vous vous êtes fixé.

7. Exécutez le mouvement dans la réalité : vous atteignez votre cible avec facilité.

Commentaire

C'est une technique utilisée par les sportifs de haut niveau, les chirurgiens, dont les pratiques sont génératrices de stress et requièrent un geste précis et sûr...

Exercice n° 48 • Visualisez votre objectif atteint

La seconde technique de visualisation positive à utiliser est celle qui va vous permettre de vous dynamiser en quelques secondes grâce à **la perception sensorielle de la réussite de votre objectif dans le futur**. Vous pourrez l'utiliser si vous avez un objectif à réaliser qui vous stresse, une situation dont vous ne voyez pas l'issue.

Projetez-vous dans le futur et visualisez votre objectif atteint à l'aide de l'exercice ci-dessous.

1. Mon objectif :

_ _

2. Je m'installe confortablement, bien posé, à l'aise sur mes racines. Je ferme les yeux. Je me transporte de l'autre côté de l'obstacle : mon objectif est réalisé, la situation est résolue...

3. Je pars explorer ce moment du futur où tout est résolu, avec tous mes sens, comme si je devais ensuite le raconter pour le faire partager.

Qu'est-ce que je vois ? Je regarde attentivement les personnes, les objets, les formes, les couleurs, les mouvements...

Qu'est-ce que j'entends ? J'écoute attentivement les mots, les sons, les bruits...

Qu'est-ce que je sens ? Je respire à fond les parfums, les senteurs, les odeurs...

Qu'est-ce que je sens sur ma peau ? Ai-je froid ? chaud ? Fait-il sec ? humide ? Y a-t-il du vent ? Comment est le sol sous mes pieds ? Sur quoi suis-je posé ? Est-ce mou ? dur ? lisse ?

Qu'est-ce que je ressens dans mon corps ? Quelles émotions m'habitent ? Quelles idées me traversent l'esprit ?

---

4. J'explore tous les coins et recoins de ce moment de réussite, je m'y abandonne.

5. Et je reviens doucement ici et maintenant, j'ouvre les yeux.

Commentaire

L'obstacle est surmonté par la force de l'imagination. À l'issue de cet exercice, vous éprouvez le bien-être qui vous permettra d'atteindre vos objectifs.

Exercice n° 49 • Entretenez vos réserves émotionnelles

Bien sûr, en plus de ces exercices solitaires pour vous créer des ressources d'énergie positive, il est important que vous vous ouvriez aux autres en cultivant et renforçant vos relations amicales et amoureuses.

Suivez les conseils suivants pour entretenir votre réseau personnel, en développant votre habileté relationnelle.

1. Dites que vous les aimez à ceux que vous aimez.

2. Téléphonez ou envoyez un mail ou un texto à vos amis chers au moins une fois par mois pour entretenir le lien.

3. Ne déclinez pas deux fois de suite une invitation de quelqu'un que vous appréciez.

4. Organisez des fêtes, petites ou grandes.

5. Prenez plaisir à être avec vos amis.

6. Partagez vos joies et vos peines avec vos amis.

7. Prenez le temps de faire les activités que vous aimez.

8. Enfin, n'hésitez pas à compléter cette liste de suggestions pour préserver la qualité de vos relations, gage de confiance mutuelle et de stabilité.

Commentaire

Et pensez d'abord à être amical avec vous-même, aimez-vous, prenez soin de vous avec tendresse !

Conclusion

La gestion du stress repose avant tout sur un changement de point de vue sur soi-même et les autres.
Ce petit livre et ces séries d'exercices ne représentent qu'un bref coup d'œil de l'autre côté du miroir, au pays où le stress est toujours positif.
Les sept clés qui vous permettront d'ouvrir la porte en grand sur ce nouvel univers demandent à être utilisées régulièrement, au quotidien. La plus magique est celle de la confiance...

Exercice n° 50 · Élaborez votre plan d'action

Vous venez de terminer des exercices qui vont ont permis de mieux comprendre votre stress et de trouver des moyens de le maîtriser. Peut-être voulez-vous, à partir des constats que vous venez de faire, mettre en œuvre un plan d'action pour changer votre comportement...

Remplissez les colonnes du tableau ci-après. Les questions suivantes vous guideront dans cet exercice.

1. Quels sont les objectifs d'amélioration que vous vous fixez, à l'issue de la lecture de ce livre ?

2. De quels moyens disposez-vous pour cela ?

3. Comment allez-vous vous y prendre ?

4. Quelle échéance vous fixez-vous pour atteindre ces objectifs ?

5. L'espace suivant est à votre disposition pour y noter votre plan.

Objectifs de développement	Échéances	Moyens envisagés
1.		
2.		
3.		
4.		

Commentaire

Votre plan est prêt. Vous disposez de tous les éléments pour passer à l'action !

Pour aller plus loin

Pistes bibliographiques

- Agence européenne pour la sécurité et la santé au travail, *Problèmes psychosociaux et stress au travail*, rapport collectif, 2002.
- Patrick Bouvard, *Le Stress, cet ami caché*, Éditions d'Organisation, 2003.
- Charly Cungi, *Savoir gérer son stress en toutes circonstances*, Retz, 2006.
- Dominique Hoareau, *Apprivoisez votre stress*, Éditions d'Organisation, 2001.
- INRS (ouvrage collectif), *Le Stress au travail, une réalité*, 2007.
- Jacques Lafleur, Robert Béliveau, *Les Quatre Clés de l'équilibre personnel*, Éditions logiques, 2000.
- Patrick Légeron, *Le Stress au travail*, Odile Jacob, 2001.
- Stuart et Linda Macfarlane, *Le Petit Livre du stress, Comment réussir son accident cardiaque*, Exley, 1999.
- Bruno Quintard (maître de conférences en psychologie différentielle de la santé à l'université Victor-Segalen Bordeaux 2), « Le concept de stress et ses méthodes d'évaluation », *Recherche en soins infirmiers*, n° 67, décembre 2001.
- Bernard Salengro, *Le Stress des cadres*, L'Harmattan, 2005.

Certifié PEFC
Ce produit est issu de forêts gérées durablement et de sources contrôlées.
PEFC
10-31-2568
pefc-france.org

Composé par Istria
Achevé d'imprimer : EMD S.A.S.
N° d'éditeur : 3886
N° d'imprimeur : 27666
Dépôt légal : janvier 2013

Imprimé en France

Cet ouvrage est imprimé - pour l'intérieur - sur papier Munken Premium white 90 g des papeteries Artic Paper, et les usines ont obtenu la certification environnementale ISO 14001 et opèrent conformément aux normes ECF et EMAS